· 탈무드보다 강력한 전래동화 토론의 기적 ·

하루 한 편, 식탁 위
하브루타 대화법

김금선 지음

필름

| 시작하는 글 |

자녀 교육의 새로운 패러다임, 전래동화 하브루타

세계적 인재를 만든 핵심 공부법, 하브루타

하브루타는 유대인 교육의 핵심 공부법이다. 유대인들은 하브루타식 질문과 경청을 통해 서로에게 스승이 되는 방법으로 토라와 탈무드를 공부한다. 이때 가장 중요한 핵심은 두 사람이 짝이 되어 토론하는 과정에서 어느 한쪽도 소외되지 않는다는 것이다. 무려 3천 년 이상 유지해 온 방식이다. 질문을 받은 사람은 어떻게든 자기 생각을 표현해야 한다. 질문을 한 사람은 상대방의 이야기를 차분히 경청하면서 자신의 사고를 확장해 나간다. 그야말로 서로에게 유익하고 모두가 득을 보는 최고의 공부법이다.

지식이 많다고 사회에서 인정받는 시대는 지났다. 어떤 문제에 직면했을 때 그것을 잘 해결할 수 있는 사람이 더 유능한 사람으로 평가받는다. 유대인들은 가정에서 토론하는 문화를 실천해 왔다. 거기서 얻은 궁극적인 교육적 효과는 자녀가 근본적인 문제 해결 능력을 지닌 사람으로 성장했다는 점이다.

유대인들은 수천 년에 걸쳐 자신들의 지적 자산을 농축시킨 탈무드 이야기를 토대로 자녀에게 가상의 상황을 던져 주고 너라면 어떻게 할 것인가를 끊임없이 질문하고 그 답을 함께 고민했다. 탈무드 이야기를 기본으로 한 간접 체험의 장을 하브루타를 통해 매일 제공한 것이다. 하브루타는 유대인들의 삶 속에서 공기처럼 물처럼 존재하는 가정의 문화다. 반면 우리 교육의 현실은 온통 지식을 주입하는 방식에만 힘을 쏟으며 헛된 시간과 비용을 지불하고 있다.

우리에게 꼭 맞는 전래동화로 하브루타하라

유대인에게 탈무드가 있었다면 우리에게는 수천 년 동안 구전으로 내려온 전래동화가 있다. 유대인이 구약인 토라를 삶에 적용해 끊임없이 토론한 것이 탈무드라면, 전래동화는 우리 삶 속에서 필요한 인생 철학을 유머를 곁들여 이야기 안에 담아 입에서 입으로 후손들에게 전한 것이다. 우리 정서가 자연스럽게 스며들어 있으므로 거부감이나 이질감이 없다.

이런 전래동화를 활용해 자녀에게 질문하고 토론해 보자. 탈무드보다 더 현실적으로 우리에게 적합한 수많은 개념을 자녀가 스스로 깨우칠 수 있을 것이다. 이런 방식의 교육이 가정 내에서 지속적으로 이루어진다면 자녀는 토론으로 다져진 행복한 인재로 성장할 것이다.

우리가 살아가는 데 가장 중요하고 또 절대적으로 필요한 것은 바로 생각의 힘이다. 생각의 힘과 능력이 있어야만 삶을 주체적으로 살 수 있다. 삶을 주체적으로 산다는 것은 어떤 문제가 발생했을 때 누군가에게 의지하지 않고 스스로 문제를 해결할 수 있어야 가능하다.

탈무드가 스토리를 통해 유대인의 문제 해결 능력을 길러 주었듯이 우리 전래동화라는 우리에게 꼭 맞는 스토리를 통해 생각의 힘을 키우고 삶의 동기를 스스로 찾을 수 있다.

자녀가 어떤 상황에서도 문제 해결 능력을 발휘할 수 있도록 전래동화 스토리로 간접 체험의 시간을 함께 가져 보기 바란다. 바로 이 책이 그 도우미 역할을 할 수 있다.

이 책은 우리에게 어울리는 친근한 이야기로 자신의 생각과 가치관을 정리하고 자신과 다른 상대방의 생각과 마음을 읽을 수 있는 장점이 있다. 우리 조상들이 남겨 준 지혜의 보물창고 전래동화, 이를 통한 하브루타의 놀라운 효과를 경험해 보자.

| Contents |

시작하는 글
자녀 교육의 새로운 패러다임, 전래동화 하브루타　　　002

Part 01
인성교육의 핵심, 하브루타

Chapter 01.
오늘의 유대인을 만든 탈무드 대화법
진정한 인문학 탈무드 이야기 013 | 세계적 인물이 많은 유대인들의 진짜 비밀 016 | 질문 놀이로 생각을 키우는 아이들 020

Chapter 02
전래동화가 주는 생각의 힘
전래동화가 주는 정서와 세대 간의 연결교육 025 | '스토리로 가르쳐라'의 강력한 힘 028 | 인문학이 꽃피우는 가정 학교 032

Chapter 03
엄마와 떠나는 유쾌한 인문학 수업
아이와 관계가 좋아지는 지혜로운 엄마의 인문학 수업 037 | 아빠의 태도에 따라 아이 인생이 달라진다 040 | 독서 하브루타로 키워진 독서력이 기초학습체력이다 043

Chapter 04 하루 10분 대화가 아이의 미래를 바꾼다

경청, 존중, 인정하는 대화법이 인재를 만든다 047 | 누구보다 말을 잘하는 능력이 경쟁력이다 050 | 비판적 사고와 문제해결 능력, 도덕적 기준이 높아진다 053 | 하브루타는 자기 전 마음 마사지다 056

Part 02
매일 아이와 함께한 동화 토론의 기적

Chapter 01 이기적이고 욕심이 많은 아이

• 김금선의 여는 이야기 •	061
송아지와 바꾼 무	064
금 구슬을 버린 형제	069
개와 고양이	074
혹부리 영감	081
냄새 값	088
소금을 만드는 맷돌	093
빨강 부채 파랑 부채	098
젊어지는 샘물	104

Chapter 02 — 거짓말 잘하는 아이
· 김금선의 여는 이야기 ·   113

무서운 엽전	115
힘센 농부	120
금도끼 은도끼	125
용궁에 간 토끼	133
선녀와 나무꾼	143

Chapter 03 — 어른에게 버릇없는 아이
· 김금선의 여는 이야기 ·   149

짧아진 바지	151
백두산 장생초	157
호랑이를 잡은 반쪽이	165
팥죽할멈과 호랑이	171
쇠를 먹는 불가사리	178
소가 된 게으름뱅이	183

Chapter 04 배려심 없는 아이

· 김금선의 여는 이야기 · 191

의좋은 형제 193

개구리 바위 197

토끼 재판 202

해와 달이 된 오누이 208

자린고비 영감 216

우렁각시 이야기 222

누렁소와 검정소 229

Chapter 05 스스로 지혜를 키우는 아이

· 김금선의 여는 이야기 · 235

사윗감을 찾아 나선 두더지 237

방귀쟁이의 대결 242

견우와 직녀 247

망주석 재판 255

훈장님과 꿀단지 262

호랑이 곶감 268

마치는 글 274

Part 01

✶✶✶

인성교육의 핵심, 하브루타

이 책은 크게 두 파트로 나누어져 있다. 'Part 01'에서는 전래동화 하브루타로 어떻게 우리 아이의 생각의 힘을 키워 주고 삶을 주체적으로 살게 만들어 주는지 그 방법과 의미에 대해 엄마가 꼭 알아야 할 개념들을 정리했다. 하브루타는 유대인 교육의 핵심 공부법이다. 무려 3천 년 동안 유지해 온 방식으로 하브루타식 질문과 경청을 통해 서로가 서로에게 스승이 되는 것이다.

탈무드가 스토리를 통해 유대인의 문제 해결 능력을 길러 주었듯이 우리는 전래동화라는 우리에게 꼭 들어맞는 스토리를 통해 생각의 힘을 기르고 삶의 동기를 스스로 찾을 수 있다.
자녀가 어떤 상황에서도 문제 해결 능력을 발휘할 수 있도록 전래동화 스토리로 간접 체험의 시간을 함께 가져 보기 바란다. 바로 이 책이 그 도우미 역할을 할 수 있다.

Chapter
01
✶✶✶

오늘의 유대인을 만든 탈무드 대화법

진정한 인문학
탈무드 이야기

　탈무드(Talmud, 유대인들의 정신적 지주)는 인문학이다. 한마디로 사람 사는 이야기란 의미다. 그런데 유대인들은 이 사람 사는 이야기를 몇천 년 동안 가정에서, 유대교인 예시바(Yeshiva) 학교에서 끊임없이 서로 토론하고 논쟁했다. 이유가 뭘까? 심지어 그런 과정을 오랜 세월 지속적으로 유지할 수 있었던 비결은 무엇일까? 내가 10년 동안 탈무드의 교훈을 많은 분과 토론하고 나누면서 몸으로 느낀 사실들이 있다. 탈무드는 언제나 지혜로운 방법을 선택했고, 가장 효과적인 가정학습이며, 가장 기본적인 기초학습체력을 다지는 과정이라는 점이다.

　생각이 없는 사람은 생각 없이 행동한다. 세상을 살아가는 데 필요한 개념들이 체계화되어 있지 않은 탓에 기본을 갖추지 않은 개념 없는 인간이 된다. 세상이 험난하고 위험하다고 말하는 이유가 결국은 이런 개념 없는 사람들 때문이 아닐까?

　우리는 가끔 못마땅한 상황이나 사람들을 볼 때 '진짜 개념 없다'라는 말을 쓴다. 앞뒤 문맥 없이 느닷없이 말을 뱉어도 무슨 의미인지 말하는 사람과 같이 있는 사람들은 알아듣는다. 누군가의 행동이나 언사가 우리가 생각하는 기준에서 벗어났을 때 '개념이 없다'라고 자연스럽게 생각하며 흔히 "무개념이네"라고 사용하는 경우가 많다.

　무개념 사람들 때문에 개념 있는 사람들이 힘들다고 한다면, 개념 있는 인간이라는 건 무엇을 말하는 것이며 어떻게 '무개념'을 '유개념'으로 바꿀 수 있을까?

　기본적으로 남에게 피해를 주지 않고 도리를 잘 지키며 살아가는 사람을 개념 있는 인간이라고 본다. 그런 사람이 되기 위해 교육을 통해 배우고 스스로 책을 읽으며 마음을 수련하고 성찰하고 종교를 통해 회개하며 인품을 쌓기 위해 부단히 노력하는 것이다. 그 많은 다양한 방법 중에서 자발적으로 실천하기 쉬운 방법이 바로 독서다. 책을 통해 사고하고 성찰하고 반성하고 성장하는, 간접체험을 통해 자유로운 배움을 선택한다. 이런 노력이 강제성 없는 자유로운 선택이며 개인의 몫이다.

그런데 유대인들은 개인의 선택이나 몫으로 돌리지 않고 가정에서, 예시바 학교에서 종교적인 차원의 탐구 학습을 실행했고, 이는 3천 년 이상 내려온 삶 속에서 가장 중요한 교육이었다. 구약, 즉 모세오경(Five Books of Moses)을 믿는 유대인들이 하나님의 모습을 늘 상상하고 생각하는 과정에서 상상력과 창의력이 키워졌다는 것이 많은 문헌을 통해 밝혀졌다. 신앙과 삶을 분리해서 여기지 않았고, 삶 속에서 실천하는 종교인이 되기 위해 삶의 실천서인 탈무드를 만들어 수많은 상황의 스토리를 나와 주변과 사회에 적용해 보는 지혜로운 과정을 실천했다.

다양한 상황을 토대로 생각을 나누고 깊게 고민하고 상대방 의견에 설득당하고 설득시키는 과정은 한 가정의 부모로서, 자녀로서 그리고 사회인으로서 여러 모습을 경험하게 되는 좋은 연습이 되기 때문에 어디서든 누가 되었든 그 어떤 사람보다 자기 역할을 잘 해낼 수 있다. 탈무드 대화법, 독서법, 소통법, 공부법을 통해 종교인으로 신앙을 키우고, 삶을 주도적으로 살도록 하며, 성인으로 건강한 사회의 일원이 되도록 도왔던 것이다. 여러 분야에서 뛰어나게 성공한 사람 중에 유독 유대인들이 눈에 띄는 이유 중 하나가 이와 같은 탄탄한 공통의 도구가 있으니 흔들림 없이 지속성을 유지할 수 있었기 때문이다.

세계적 인물이 많은
유대인들의 진짜 비밀

공들이지 않고 얻어지는 게 있을까? 지속성 없이 좋은 결과를 기대할 수 있을까? 이 질문에 바로 답할 수 있는 사람들이 있다면 그건 유대인들이다. 그들은 토라(Torah, 율법)와 탈무드 한 구절, 이야기 하나를 두고 부모와 자녀가 식탁에서 매일 정해진 시간에 치열하게 생각을 나누고 그 아이만의 세상의 개념을 조금씩 정리해 간다. 토론을 통해 자신을 알아가고 세상을 알아가고, 살면서 중요한 개념들을 이해하며 편견 없는 아이로 성장한다는 의미는 그 어떤 공부보다 필요한 학습이다.

세상의 흐름을 잘 이해하고 세상의 이치와 우주의 원리를 깨닫는 아이는 어떤 분야의 공부를 하든 빨리 적응하고 자신이 좋아하는 분야를 쉽게 찾을 수 있다. 탈무드 책을 한 번 읽으려면 7년이 걸린다고 하니 그 방대한 분량에 놀라지 않을 수 없다. 그런데 유대인들은 그것을 삶에 녹여서 실천한다는 사실 또한 놀라운 일이다. 게다가 탈무드 이야기가 어린아이도 이해할 수 있는 것들로 만들어져 있어 자녀와 함께 생각을 나눌 수 있다는 점은 상당히 장점이다.

접근성이 뛰어나다는 것은 수준과 관계없이 효율적이고 효과적이다. 아이가 대화를 시작하는 3, 4세부터는 얼마든지 부모와 생각 나누기를 할 수 있으며 각 연령대별로 알아야 할 수준의 생활규범이나 관계성에 필요한 원리를 알아가게 되는 과정이 된다. 학습에 필요한 이해도와 생각을 정리하면서 말하는 힘과 논리력을 키워 나간다. 생각의 힘, 즉 생각의 근육을 매일 만들어 가는 교육은 어느 날 잠깐 배우는 것으로는 자신의 능력으로 발산될 수 없다는 것을 유대인들이 여실히 증명해 주었다.

우리도 대가족 시대에 조부모나 부모님에게 천자문이나 한글을 배웠던 가정교육이 있었지만, 그 환경이 대중적이거나 일반화되지 않은 건 사실이다. 그러다 보니 사회가 변하고 가족 구성의 환경이 바뀌다 보니 지속성의 힘이 없어지고 지금은 옛날의 한 단면으로 남아 있는 것이다.

유대인은 탈무드로 토론하는 힘과 학습 지속성을 하나의 가정 문화로 자리 잡았다. 아이들도 접근하기 쉬운 텍스트는 효과를 극대화했다. 텍스트가 쉬우면 누구나 접근할 수 있다는 사실은 우리 역사에서 한글 창제를 예로 들어도 알 수 있다. 세종대왕이 모든 백성에게 배움의 기회를 주기 위해 사용하기 쉬운 한글을 만들었기 때문에 지금 우리가 우리말에 대한 자긍심을 가지며 한글을 지속하고 세계 속의 한글로 만들어 가고 있는 것이다.

대한민국이 세계적인 경제대국의 대열에 가장 빠르게 진입한 것은 우리글, 우리말이 있었기에 가능했다. 이런 점에서 본다면 토론하는 탈무드 하브루타는 각 개인의 발전과 성숙된 사회로 이어지며 유대인이 어느 민족보다 뛰어난 인재를 배출하게 된 비밀 아닌 비밀이다.

수많은 학부모님과 10여 년 동안 탈무드 하브루타를 하면서 느낀 점은 부모들이 실제로 성장하는 모습, 생각의 근육이 점점 좋아진다는 사실을 스스로 인정하고 그 변화에 기뻐한다는 사실이다. 변화한 부모의 모습은 자녀에게 커다란 공감을 일으키고 아이에게 본보기가 되는 데 어려움이 없어질 뿐만 아니라, 관계는 어느 때보다 좋아진다는 것이다.

3년 동안 초중고 학생들과 탈무드 하브루타를 진행한 적이 있는데 그때 아이들의 생각의 변화, 행동의 변화를 직접 눈으로 보면서 유대인들의 교육이 바로 이거였구나, 하고 무릎을 쳤던 기억이 있다. 생각의 변화가 행동의 변화로 이어지는 진정한 교육의 효과가 일어났던 것이다. 우리도 유대인들의 비밀이 아닌 우리 정서에 맞는 비밀을 만들 수 있다.

질문 놀이로
생각을 키우는 아이들

다음은 할아버지와 손녀가 나누는 짤막한 탈무드 대화 내용이다.

따스한 햇살 아래 산과 들에 향기로운 꽃들이 앞다투어 피어나는 봄날입니다. 어제는 봄비가 메마른 땅을 촉촉이 적셔 주었어요.

머리가 희끗희끗 센 한 할아버지가 뒤뜰에 나가 나무를 심고 있었습니다. 할아버지에겐 어린 손녀가 있었어요. 손녀는 밖에 나갔다가 돌아오는 길에 뒤뜰에 있는 할아버지에게 다가가 물었습니다.

"할아버지, 지금 이 나무를 심으면 언제쯤 과일을 딸 수 있어요?"
할아버지가 나무를 내려다보며 말했습니다.
"우리 예쁜 공주님이 커서 결혼을 하고 아이를 낳을 때쯤이면 맛

있는 과일을 먹을 수 있을 거다."

할아버지가 심고 있던 나무는 몇십 년에 한 번 열매를 맺는 진귀한 나무였어요. 할아버지의 말을 들은 손녀는 손뼉을 치며 폴짝폴짝 뛰었습니다.

"우와! 신난다! 그럼 그때 할아버지가 과일을 따 주세요. 전 키가 작아서 따지 못하니까요."

"그런 염려는 안 해도 된단다. 그때가 되면 네가 이 할아비보다 더 클 수도 있으니까."

"제가 할아버지보다 키가 더 크면 할아버지께 과일을 따서 드릴게요."

"괜찮다."

순간 할아버지의 얼굴이 조금 슬퍼 보였어요.

"애야."

손녀가 불안한 듯 할아버지의 손을 꼭 잡으며 말했습니다.

"네, 할아버지."

"난 그때 네 옆에 없을지도 모른단다. 하지만 걱정하지 말거라. 네 주변엔 더 좋은 사람들이 많아질 테니. 그리고 이 뜰에는 네 자식들이 뛰어 놀고 있을 거다. 저기 저 나무를 좀 보렴."

할아버지가 작년 가을에 과일이 주렁주렁 열렸던 커다란 나무를 가리켰습니다.

"작년 가을에 저 나무에서 열린 과일을 모두 맛있게 먹었었지? 저 나무는 내가 훨씬 전에 나의 할아버지께서 나를 위해 심으신 거란다."

"……."

손녀는 할아버지의 말을 아는지, 모르는지 커다란 눈만 깜빡거리다가 할아버지의 품에 꼭 안겼습니다.

할아버지와 어린 손녀가 나누는 대화가 정겹다. 아이는 궁금한 것을 할아버지에게 물어본다. 과일을 언제쯤 딸 수 있을지 물어보자 할아버지의 대답은 손녀가 결혼해서 아이를 낳은 후쯤이라고 대답한다. 이렇게 시작된 이야기는 많은 생각을 하게 한다.

이야기를 통한 질문

- 할아버지가 후손을 위해 심는 나무의 의미는 무엇인가요?
- 손녀는 할아버지가 돌아가신 후 이 대화를 어떻게 기억할까요?
- 후손에게 무엇을 물려주고 싶은가요?
- 진정한 유산은 무엇일까요?
- 우리 아이는 부모인 내 모습을 보며 무엇을 배우고 있을까요?

과연 '나는 자녀와 후손들에게 어떤 유산을 물려주고 싶은가?', '어떤 가치를 물려주고 싶은가?'와 같은 질문에 대해 고민할 수도 있는 이야기다. 정답은 정신적 유산일 수도 있고 물질적 유산일 수도 있다. 어느 것이 옳고 그른 것이 아니라 단지 선택의 차이인 것이며 부모마다 결정은 다를 수 있다. 물질이 많은 사람은 가지고 있는 물질을 남겨 주고 싶은 마음이 드는 게 당연하며, 정신적인 것에 가치를 더 두는 사람이라면 그것을 선택할 것이다.

저자인 내가 물려주고 싶은 정신적 가치는 '서로 사랑하는 마음'이다. 물질이 많아도 삶이 행복하다고 느끼지 못하면 물질도 의미가 없어진다. 사람을 어떻게 사랑하는지를 아는 삶이 행복할 것이라고 생각한다. '사랑한다는 것'은 어떻게 하는 것인지 부모의 모습을 보면서 배우는 게 가장 바람직하다. 부모인 내가 사랑하며 살 때 우리 아이들도 사랑하며 살 것이라 확신한다. 이렇게 탈무드는 모든 사람이 연령에 관계없이 삶 속의 지혜를 자연스럽게 생각하고 성장할 수 있도록 구성되었다.

Chapter
02

✦✦✦

전래동화가
주는
생각의 힘

전래동화가 주는 정서와
세대 간의 연결교육

어려서부터 읽고 들은 전래동화는 평생 살아가는 동안 기억 속에 저장된다. 흥미를 유발하는 스토리 형식으로 구성되어 있어 연령에 제한 없이 누구나 대화 소재로 삼아 얘기꽃을 피울 수 있다. 까마득히 먼 인생 선배들의 삶의 지혜를 담아 만든 전래동화가 우리 정서에 부합되는 것은 당연한 일이다. 우리에게는 탈무드보다 전래동화가 훨씬 심리적으로 다가가기에 쉽고 수월하다. 아이들이 조상들의 삶을 이해하는 데 전래동화는 정서적으로 큰 의미가 있다.

요즘 시대는 수평문화에 익숙한 세대들이 주도한다. 어쩌면 그들이 수직문화 즉 조상들의 삶의 애환과 정신을 이해하고 두 세대를 이어가는 데 큰 역할을 할 수 있을지 모른다. 부모님 삶은 자녀가 직접 눈으로 보고 실제로 같이 부대끼며 겪을 수 있지만, 조부모나 증조부모의 삶을 이해하고 알기에는 어려움이 따르기 때문에 동화로 이해하는 세대 간의 정서적 연결이 현대를 살아가는 후손들에게는 훌륭한 교육이 될 수 있다.

어려서 할머니가 들려준 동화는 할머니의 목소리까지 필름처럼 기억에 남아 가끔 머릿속에 상영되곤 한다. 그때 느끼는 교훈과 따뜻한 정서적 연대는 세대를 이어주는 대물림의 긍정적 효과다. 이야기마다 전해 주고자 하는 작가의 뜻이 있고 들려주면서 생각을 얘기하고 생각을 물으면서 삶의 지혜를 키워 가는 놀이처럼 생각하고 나누지만, 교육적 효과는 혼자서 책을 읽고 생각하는 것보다 훨씬 크다.

유대인에게 탈무드가 있다면 우리에게는 전래동화가 있다는 것을 탈무드를 교육하면서 깨달았다. 학생과 부모가 함께 전래동화로 질문을 만들어 생각을 들어 보고 학생 자신의 생각을 말하면 혼자 읽어서는 절대로 떠오르지 못하는 창의적인 생각들이 나온다. 이야기로 힐링이 되고 자신의 생각을 들여다보는 그때가 자신을 정확하게 알아 가는 시간이 되기도 한다.

엄마가 옛날 얘기를 들려줄 때가 있다. 그때마다 아이들이 당연하다는 듯이 묻는 질문이 있다. "옛날 사람들은 왜 그렇게 살았어?" 엄마의 대답은 "그때는 누구나 그렇게 생각했기 때문에 그런 줄 알고 살

앉지." 그 순간에 아이는 생각한다. 어른들의 삶이 그랬구나! 그렇게 행동할 수밖에 없었구나! 이 상황이 세대 간 이해와 생각이 이어지는 수직문화의 자연스러운 연결교육이 아닌가 생각한다.

'스토리로 가르쳐라'의 강력한 힘

『선녀와 나무꾼』 이야기는 모르는 사람이 있을까 싶을 정도로 어려서부터 많이 듣고 동화책으로도 수없이 읽었던 구전 전래동화다. 하브루타 부모교육을 하면서 『선녀와 나무꾼』으로 질문을 만들어 하브루타를 많이 한다. 어린 자녀들이 읽을 만한 이야기를 어른들과 하브루타를 한다는 게 이해가 가지 않을 수도 있다. 그냥 듣고 끝나는 전래동화는 대대로 내려오는 오래 묵은 이야기로 끝날 수도 있다. 그런데 질문을 하기 시작하면 생각의 활화산이 폭발하기 시작한다.

- 사슴은 왜 자신의 보은을 선녀의 삶을 통해 하려고 했을까요?
- 보은은 어떤 의미일까요?
- 사슴은 선녀에게 미안한 마음이 들었을까요?
- 사슴이 한 행동을 선녀가 알게 되었다면 어떤 감정이 들었을

까요?
- 나무꾼은 사슴이 시키는 대로 해야 했을까요?
- 나무꾼이 선녀의 옷을 감춘 행동에 문제가 있다고 생각하나요?
- 나무꾼은 선녀의 옷을 감추면서 어떤 마음이었을까요?
- 왜 아이가 셋이 될 때까지 옷을 주지 말라고 했을까요?
- 나무꾼은 사슴과 한 약속을 왜 지키지 못했을까요?
- 약속의 의미는 무엇일까요?
- 선녀가 두 아이만 데리고 하늘로 올라갈 때 어떤 마음이었을까요?
- 선녀와 나무꾼은 서로 사랑했을까요?
- 부부의 진정한 사랑은 어떤 모습일까요?
- 나무꾼이 두레박을 타고 어머니를 두고 혼자 하늘로 올라갈 때 어떤 마음이었을까요?
- 어머니가 보고 싶어 하늘에서 내려온 아들에게 왜 팥죽을 주었을까요?
- 팥죽 때문에 닭이 되어 버린 아들을 보는 엄마의 심정은 어땠을까요?
- 우리 부모들에게 팥죽의 의미는 무엇일까요?
- 세상에 완전한 부모가 있을까요?

· 어떤 부모 모습이 가장 바람직할까요?

· 가족의 의미는 무엇일까요?

이와 같은 질문들은 그냥 읽어서는 인지할 수 없었던 것들을 생각하게 한다. 또한 그것들을 누군가와 생각 나누기 하는 것으로 우리 삶과 살아가면서 필요한 중요한 개념들에 대해 깊이 공부해 보는 시간이 된다.

세상에 나온 수많은 책을 통해 삶의 지혜를 얻기도 하지만 조상 대대로 내려온 구전 전래동화로도 그 이상의 생각 나누기가 가능하다. 부부, 사랑, 정직, 준법정신, 가족, 보은, 부모, 자녀, 실수, 지혜로운 부모, 고부지간, 약속, 효와 같은 주제를 세상을 살면서 깊게 고민해 보고 나만의 생각이 정리되어 있어야 삶을 주도적으로 살 수 있지 않을까?

함께 생각을 나눠 본 부모님들은 깜짝 놀라기도 한다. "우리의 삶이 여기에 있네요"라고 말이다. 뿐만 아니라 마음의 안정을 느끼기도 한다. 선녀와 어머니 관계에서 고부갈등을 의심하기도 하고 직접 경험한 고부갈등에 대해 허심탄회하게 얘기하는 가운데 위로를 받는 것이다. 누군가 내 얘기를 들어주기만 해도 마음이 홀가분해지고 마음이 풀릴 때가 있다. 전래동화가 우리 삶을 투영하고 우리는 그곳에 풍덩 빠져 간접체험을 해 보는 방법은 매우 유익하고 심오한 스토리로 배우는 어렵지 않은 인문학 수업이다.

인문학이 꽃피우는
가정 학교

우리 자녀의 첫 번째 학교는 어디서부터가 시작일까? 이 질문에 대부분 유치원부터라고 말하는 사람이 많을 것이다. 하지만 유대인들은 첫 번째 교육기관을 가정이라고 말한다. 공식적인 이름은 없지만, 잠재적인 교육기관으로 첫 번째 출발점이 가정이며 이런 가정 학교 개념은 오래전 정착되었다. 최근 우리나라도 팬데믹 시대라는, 공교육 역할이 제대로 이루어지지 못하는 상황이 되었고 그에 따라 가정은 학교의 의미로 확산되고 있다. 그런데 유대인들이야 이미 몇천 년 전부터 가정 학교를 유지해 왔지만, 우리는 갑자기 닥친 팬데믹으로 아무 준비도 되지 않은 채 적응해야 한다.

가정 학교에서 부모는 스승의 역할이고 자녀는 첫 번째 제자가 된다. 우리 아이들이 가고 싶은 학교는 어떤 학교일까? 학교 가는 마음이 즐겁고, 소통이 잘되는 친구가 있고, 나를 교육하고 성장시키는 선생님이 있어서 좋은, 그런 즐겁고 배움이 있는 학교라면 최고일 것이다. 선생님한테 매일 혼나고 친구들과 자주 싸우는 데다 따돌림을 당하거나 공부에만 찌들면 학교가 싫어지는 것이 당연하다. 가정도 마찬가지다. 집에 빨리 들어가고 싶고, 엄마 아빠와 웃으며 얘기 나누고 싶고, 형제자매들과 신나게 놀 수 있는 즐거운 집이어야 한다. 가정 학교의 환경이 아이들의 미래를 결정한다.

즐거운 학교, 즐거운 가정, 행복한 집은 같은 개념이 되었다. 엄마 아빠가 서로 사랑하면 아이는 기쁘다. 집 안에 웃음이 끊이지 않으면 아이는 정서적으로 안정된 상태에서 안심하고 무럭무럭 자란다. 가장 좋은 학교는 즐거운 집이다. 유대인들은 엄마를 집 안의 영혼이라고 표현한다. 그 영혼이 매일 화가 나 있거나 우울하거나 안 좋은 생각만 하고 분위기를 험악하게 만든다면 집 안의 전체 분위기가 침체되고 불안해져서 오히려 밖에 있어야 마음이 편해진다.

코로나로 집이 학교 교육의 역할까지 하게 되었으니 가정 학교가 제대로 운영되지 않으면 아이들은 성장의 기회도, 안정적인 심리 상태를 유지하기도 힘들다. 그렇게 되면 아이가 잘 성장해 주길 바라는 게 욕심이 된다.

집에 있을 때 행복하고 감사하고 아이의 귀가를 재촉시키는 집 안의 큰 역할로 아빠의 존재도 굉장히 중요하지만, 엄마와의 시간을 많이 보내는 아이들 입장에서 생각해 보면 그것은 건강한 엄마의 존재가 가장 크다. 엄마 몸이 건강하지 않거나 체력이 약하면 예민해지고 짜증이 올라와 아이들의 작은 일에도 소리치고 야단치게 된다. 요즘처럼 코로나 때문에 24시간 아이들과 씨름해야 하는 상황에서는 엄마는 아이들 보약을 챙겨줄 게 아니라 엄마가 제일 먼저 영양제를 챙겨 먹고 가장 먼저 힘내야 밝은 환경의 가정을 만들 수 있다.

엄마들에게 좀 더 요구를 하자면 엄마가 밝은 걸 넘어서 웃음이 많고 작은 것에도 웃어 주고 감동도 잘해 주면 정말 좋다. 예를 들어 "멋지다!", "어떻게 이렇게 잘 그렸어?", "그랬구나!"와 같은 감탄사로 긍정의 메시지를 주고받는 대화법을 시도한다면 아이가 긍정적이고 밝은 아이로 성장하는 데 큰 도움이 된다. 물론 타고난 성향이 있어서 잘 표현하는 사람이 있고 반면 마음은 있지만 그리 잘 표현하지 못하는 부모들도 있다. 좀 힘들더라도 조금 기분을 업시켜서 약간 밝은 톤으로 말하면 집 안 분위기는 많이 달라진다. 나 같은 경우는 약간 개그맨 같은 기질이 있어서 딸, 아들 모두에게 장난도 많이 하고 춤도 막 추다 보면 가족이 어이없어 하면서도 분위기가 밝아진다.

행복한 부부가 행복한 아이를 만드는 것처럼, 아이들에게 가정은 삶의 전부다. 행복한 감정은 삶의 전 영역에 영향을 준다. 가족과의 관계, 친구들과의 관계, 학습과 태도에 대한 에너지를 충전시키는 가정 분위기라면 가정이 성장의 원천이고 많은 것을 배우는 학교가 된다.

중요한 한 가지를 더 주문하자면 가정 학교에서는 문이과 통합시대에 맞는 맞춤형 교육을 준비해야 한다. 문이과 통합 시대에 가장 중요한 교육은 독서 교육이다. 아이가 문과 성향이지만 이과 공부를 해내야 하고, 이과 성향이지만 문과 공부를 해야 한다. 다시 말하면 독서로 기초학습 체력을 갖추어야 하는 것이다.

통합 교육은 미국이나 유럽에서는 오래전부터 시작된 교육 시스템이지만, 우리는 이제야 도입한 상황이라 부모들도 학생들도 적응하지 않으면 입시에 어려움을 겪을 수 있다. 독서력은 생각하는 힘이며 다양한 분야와 배경 지식을 쌓는 데 절대적인 기초학습이다. 독서를 즐기는 아이로 키우려면 책을 읽는 것도 중요하지만 즐겁게 생각 나누기를 통해 즐거운 가족놀이라는 개념을 갖도록 하는 것이 중요하다. 첫 번째 가정 학교에서 학교생활이 잘 안착된다면 그다음 단계인 학교생활 역시 잘 적응할 것이다.

Chapter
03

★★★

엄마와 떠나는 유쾌한 인문학 수업

아이와 관계가 좋아지는
지혜로운 엄마의 인문학 수업

독서는 무엇인가? 왜 독서를 하는가? 독서를 하면 무엇을 얻는가? 나는 어떤 독서를 하고 있는가? 앞선 세 개 질문은 모두가 나름 대답할 수 있을 것이다. 그런데 '나는 어떤 독서를 하고 있는가'에 대해서는 혼자서 읽는 독서를 하는지, 아니면 누군가와 토론하면서 책을 읽는지가 중요한 질문이다. 독서는 작가를 통해 간접경험을 하기 위한 의미가 크다. 그런데 혼자 읽고 느끼고 좋은 감정으로만 끝난다면 소중한 시간을 들인 독서의 의미가 무색해진다. 치열하게 토론한 내용들이 나의 생각을 움직여 그것들이 행동의 변화로까지 가야 진정한 독서라고 할 수 있다고 본다. 이런 효율적인 독서를 통해 부모와 매일 하브루타를 할 수 있다면, 생각의 근육이 매일 자란 아이는 세상을 이해하고 세상에서 살아갈 준비를 철저하게 하는 것이다. 자신을 명확히 바라보는 메타인지가 높아지면서 나는 누구인지, 어떻게 살아야 하는지, 어떻게 살아야 잘사는 것인지를 고민하며 주도적인 삶을 살 수 있다.

　엄마와 다양한 주제로 일상을 독서에 연결시켜 토론하다 보면 서로의 이해도가 높아지면서 관계가 좋아지는 것은 어쩌면 당연한 일이다. 대화가 부족해서 서로 오해하고 갈등을 겪는 일이 가족 안에서 빈번하게 일어나는 일이기 때문이다. 대화가 잘되는 집 아이들은 관계 형성이 긍정적으로 이루어지며 정서적 안정이 학습에도 지대한 영향을 준다. 삶의 선순환이 이루어지는 것이다.

　미국 32대 대통령인 프랭클린 루즈벨트의 집안에도 독서에 대한 구체적인 지침이 있었다. 그 일곱 가지 독서 비법을 소개한다.

　　첫 번째, 어린 시절 생애 최초의 책을 주목하라.
　　두 번째, 집 안에 반드시 서재를 마련하라.
　　세 번째, 외국어로 시를 자주 암송하라.
　　네 번째, 사전을 찾으면서 독서하게 하라.
　　다섯 번째, 역할 모델을 정하고 그의 도서 리스트까지 모방하라.
　　여섯 번째, 읽는 것보다 제대로 아는 것이 중요하다.
　　일곱 번째, 의견을 자유롭게 말하고 토론하는 분위기로 이끌어라.

우리는 여기서 여섯 번째와 일곱 번째를 주목할 필요가 있다. 읽는 것보다 제대로 아는 것이 중요하고 읽기에만 치중해서는 내 것이 안 된다고 말한다. 결국 내 것이 안 되면 시간 낭비일 뿐이라는 것이다. 읽는 것에만 빠져 있다면 무작정 책을 파는 중독에 가까울 수 있다. 일곱 번째가 내가 말하는 하브루타 독서 방법이다. 토론하면서 자신이 가진 선입견도 깨고 세상의 개념도 체계화시키는 인문학적 소양을 키우는 중요한 수업이다.

이와 같은 최고의 인문학 수업을 엄마와 함께한다면 여러 가지 교육적 효과가 기대된다. 다양한 주제로 얘기를 나누는 동안 생각의 한계를 줄일 수 있고 서로의 가치관을 잘 이해하다 보니 관계가 좋아지고 그 속에서 유쾌한 배움이 일어난다.

아빠의 태도에 따라
아이 인생이 달라진다

아빠의 참여 태도에 따라 가정교육이 변화하는 속도는 눈에 띄게 달라진다. 부모 교육에 참여하는 엄마 아빠의 비율은 9:1이라고 보면 될 것 같다. 아니, 99퍼센트가 엄마의 비율이라고 해도 과언이 아니다. 집 안 분위기나 자녀 교육을 바꾸려는 노력이 엄마 혼자의 몫이 되다 보니 시간도 많이 소요되고 엄마의 몸도 마음도 금세 지쳐 버리게 된다. 하지만 아빠가 소극적으로 참여하는 것만으로도 그 변화는 훨씬 빨리 일어난다.

『정의란 무엇인가』로 유명한 하버드대학 교수 마이클 샌델(Michael Sandel)은 자녀 교육법이 특별히 따로 있는 것이 아니고 매일 저녁 식사를 같이하면서 일상적인 대화를 나누면 되는 것이라고 했다. 그렇다. 어디 거창한 자녀 교육법이 존재하는 게 아니다. 자녀들과 대화하고 소통만 잘되어도 자녀들에게는 큰 스승으로서 의미가 있는 것이다.

카이스트대학 모 교수님 자녀가 둘 다 최연소 박사학위를 받자 기자가 찾아가 질문했다.

"어떤 특별한 교육법이 있었기에 두 자녀를 이렇듯 훌륭하게 키우셨습니까?"

그러자 모 교수는 이렇게 대답했다.

"전 아무것도 한 게 없습니다. 단지 매일 저녁 식사를 같이하면서 일상의 대화를 나누었을 뿐입니다."

여기서 '일상의 대화만으로 어떻게 두 자녀를 훌륭하게 키울 수 있었을까?'라는 의문을 갖게 된다. 부모의 일상과 가족의 일상이 자녀에게 어떤 의미이기에 일상적 대화만으로도 교육적 효과가 있다고 말하는 것일까? 자녀가 아무리 똑똑해도 부모가 매일 살아가는 하루하루를 함께 경험할 수도 없고 부모만큼 다양한 체험을 하지 못한다. 대신 풍부한 경험과 삶의 체험들을 아빠와 함께 나누고 들어보고 생각 나누기를 실천하는 것 자체가 바로 최고의 간접체험의 장이 되는 것이다. 읽는 독서가 아닌, 간접체험이 일어나는 '살아 있는 독서'를 매일 아빠를 통해 이루게 된다.

루즈벨트 대통령가에도 앞서 언급한 일곱 개의 독서 지침을 통해 자녀와 토론하는 가족문화를 만들었고, 영국의 정치가이자 작가인

윈스턴 처칠(Winston Churchill)가의 처칠 아버지는 잔소리 대신 책 속의 정신을 선물로 주는 독서 비법을 실천했다. 특히 아버지의 독서록을 아이와 공유했다고 하는데, 책을 통해 진정한 스승으로 자녀에게 원대한 꿈과 미래를 꿈꾸게 한 것이다.

미국의 케네디 대통령가의 독서 교육은 유명하다. 토론 교육을 어린 시절부터 습득하도록 했고 토론할 때 경청하는 자세를 키워 주려고 노력했다. 텍스트를 통해 토론하든 일상의 대화를 통해 토론하든 어린 시절부터 경청의 자세를 익히는 것이 중요하다. 경청을 통해 진정한 배움과 사고의 확장이 일어나기 때문이다. 아빠와 함께 토론하는 가정문화는 자녀의 건강한 미래가 보장된다고 해도 과언이 아니다. 대한민국의 모든 아빠들이 함께한 가족토론문화가 불길처럼 일어나면 우리의 미래는 밝을 수밖에 없다.

독서 하브루타로 키워진
독서력이 기초학습체력이다

첫 번째, 아이들에게 책을 재미있게 읽어 주는 것부터 시작하면 어떨까?

구연동화로 책을 읽어 주면, 책이 재미없다고 생각하는 아이들도 엄마의 소리에 귀를 기울일 것이다. 리듬을 타면서 경쾌하고 대화처럼 연극하듯이 읽는다면 아이들도 자신이 책의 주인공이 된 것처럼 몰입할 수 있다. 예를 들어 『토끼와 거북이』 이야기에서 좀 더 토끼답게 표정과 목소리를 낸다면 토끼가 된 기분에 몰입하고 거북이가 되는 상상을 하면서 다채로운 경험을 할 것이다.

두 번째, 동화를 읽어 주면서 가끔 아이의 생각을 물어본다.

한 장 한 장 글을 읽어 주면서 가끔은 아이의 생각을 물어본다. "네가 거북이라면 어떻게 할 거야?", "토끼를 이길 방법이 있을까?", "토끼는 어떤 마음으로 거북이에게 경주하자고 했을까?" 그냥 읽어 주는 것과 질문을 간간이 하면서 읽어 주는 것은 생각의 확장과 창의성 면에서 커다란 차이가 있다. 글만 읽어 주고 넘어가는 게 아니라 생각을 나누고 질문을 통해 뇌가 격동하는 시간을 만들어야 한다.

세 번째, 등장인물에 대해 생각을 나눈다.

토끼에 대해 이야기해 보고 거북이에 대해 생각하다 보면 결국 역할극처럼 된다. 토끼의 마음도 거북이의 마음도 이해할 수 있다.

"네가 토끼 해 봐", "네가 거북이 해 봐", "토끼는 이 경주에 대해 어떻게 생각할까?", "네가 거북이라면 경주할 거야?" 등장인물에 몰입하면 감정이입이 되고 훨씬 재미있게 독서를 즐길 수 있다.

네 번째, 집 안 곳곳에 책이 있어야 한다.

책을 탁자 위, 화장실, 거실, 베란다, 아이 방 책꽂이 등등 여기저기에 심어 두자. 손만 뻗으면 집을 수 있도록, 심심하면 책을 꺼내 보게 하는 게 좋다. 탁자에도 가장 최근 읽은 것을 올려놓고 베란다에도 애들이 놀다가도 심심하면 책을 볼 수 있도록 작은 책꽂이라도 비치해 두는 것이 좋다. 집 안 어느 장소에서도 책과 아이가 가깝게 지내도록 구조를 짜는 것이 중요하다. 화장실 갈 때도 책 한 권을 가지고 들어가게 한다. 과학 잡지와 같은 종류의 책이 좋다. 책을 자연스럽게 볼 수 있도록 습관화할 수 있는 환경이 필요하다.

다섯 번째, 아이의 나이보다 쉬운 책부터 읽도록 하자.

글밥 수나 글이 적으면 돈을 아까워하는 부모들이 있다. 책은 자기 나이보다 조금 쉬운 것을 많이 보게 하고, 처음에는 글밥 수가 적은 편이 오히려 좋다. 그림으로 생각하고 상상하면 즐거운 독서 시간이 될 수 있으며 그림이 많을수록 더 상상력을 키울 수 있다. 아이가 두세 명 있는 집은 큰아이 때 책을 많이 사 놓고 둘째 애가 "엄마 나 책 사 줘" 하면 책이 저렇게 많은데 뭘 사느냐면서 혼내는 경우가 있다. 책에 흥미를 가질 때까지 자기 책이 필요하다. 또한 아이 손을 잡고 가서 "네가 보고 싶은 책이구나. 엄마가 사 줄게"라며 아이의 감정을 인정해 주어야 한다. 자기만의 책에 서서히 재미를 붙인 다음 다른 책들도 꺼내서 읽을 수 있도록 도와주어야 한다.

글밥 수에 연연하지 말고 미리 어려운 책을 사 놓고 안 읽는다고 아이를 독촉하거나 겁박하지 않길 바라는 마음이다.

책을 즐기는 아이, 책을 통해 성장하는 아이를 위한 기초학습체력으로 내외적으로 단단해졌을 때 어떤 공부도 할 수 있는 힘이 생긴다는 것을 즐겁게 독서하는 방법을 통해 자녀와 함께 시작해 보는 건 어떨까?

Chapter
04

★★★

하루 10분 대화가 아이의 미래를 바꾼다

경청, 존중, 인정하는 대화법이
인재를 만든다

세계적으로 잘 알려진 미국의 영화감독 스티븐 스필버그(Steven Spielberg)의 작품 세계는 아이들의 상상을 자극하는 내용들이 다른 감독들보다 유난히 많다. 내 기억에 영화 〈이티(E.T.)〉는 상상 이상의 충격이었고 놀라움의 극치였다. 스필버그가 어린 시절 상상하고 꿈꾸던 동화를 그가 어른이 된 후 가상의 현실 안에 실현시켰다. 많은 사람에게 또 다른 상상의 날개를 달아 주었다. 한 사람의 상상력이 전 세계 수많은 사람에게 행복한 시간을 선물했고, 아이들에게는 미지의 세계에 대한 또 다른 꿈을 꾸게 하는 꿈의 조련사 역할을 했다. 스필버그 어머니의 남다른 교육관이 얼마나 아이의 미래를 바꿔 놓았는지 볼 수 있는 좋은 예시다.

어린 시절부터 시작하는 꾸준한 부모와의 소통은 상상의 나래를 펼치는 데 좋은 영향을 준다. 우리가 단편적인 지식을 넣어 주는 데만

집중한다는 사실을 깨닫는 순간 아이의 상상력과 창의력은 다시 살아날 수 있다. 부모와 같이 누워서 까만 밤하늘에 유난히 반짝이는 별을 보며 상상했던 것이 훗날 〈이티〉가 되리라고 그 당시에는 아무도 예측하지 못했다. 생각해 보면 영화 한 편의 부가가치는 어느 직업군보다 높다는 것을 알 것이다.

어린 자녀가 성장기에 이르는 10년 동안을 어떻게 보내느냐에 따라 남들과는 다른 특별한 삶을 살 수 있다. 그때 부모가 많이 하면 할수록 좋은 질문이 있다.

"네 생각이 뭐야?"라는 질문에는 존중의 의미가 있다. 아이의 의견을 듣고자 하는 부모의 자세는 아이를 존중하고자 하는 자세라고 볼 수 있다.

"왜 그렇게 생각해?"라는 질문은 아이가 어떤 생각을 하는지 궁금해서 들어 보고 싶은 부모의 경청의 자세가 느껴진다.

"아하, 그렇구나"라는 감탄의 태도는 어떤 대답도 수용하고자 하는 아이를 인정하는 부모의 자세가 보인다.

자녀들과의 대화를 존중, 경청, 인정하는 마음으로 실천한다면 가족 토론 문화는 어렵지 않으며 이 시간들이 자녀가 잘 성장하는 밑거

름이 될 것이다.

문제해결 능력을 키우는 질문의 예를 들어 보자.

"너라면 어떻게 할 거야?"

"왜 그런 방법으로 해결하고 싶어?"

"더 좋은 방법은 없을까?"

"더 보완하고 싶다면 어떤 점이 있을까?"

"도움을 받고 싶은 사람이 있어?"

"충분한 시간을 갖고 결정한 거니?"

이렇게 아이의 생각을 충분히 들어주고 스스로 해결 방안을 찾아가도록 하는 대화법은 자존감을 키워 준다. 특히 이런 대화를 꾸준히 아이가 습득할 수 있게 반복한다면 자신이 많은 일을 주도적으로 해결하는 시기를 앞당길 수 있다.

누구보다 말을 잘하는
능력이 경쟁력이다

　우리는 말을 잘하는 것보다 말을 잘 듣는 환경에 익숙해져 있다. 심지어 말을 잘 듣는 아이가 칭찬받는 정서적 문화가 있었다. 공손하고 예의 바르게 어른들 말씀에 토 달지 않고 받아들이는 자세가 모범적인 자세라고 배웠고 그렇게 요구받았던 시절이 있었다. 하지만 자신의 의견을 말하는 게 불편하고 생각을 표현하는 것을 꺼리게 되는 문화는 결코 경쟁력을 키우는 환경이 될 수 없다. 답이 있는 질문이 좋은 질문이라고 생각하면 답을 맞혀야 한다는 부담감에 질문이 부담스러워진다. 하지만 세상에 정답이 있는 질문만 있는 것은 아니다. 바로 내 생각이 해답이고 여러 답 중에 하나일 수도 있다는 것을 다양한 질문과 토론을 통해 적응하도록 해야 한다.

　지금은 구술의 시대다. 자기 생각을 논리적으로 말하고 상대방을 설득하고 나에게 유리한 쪽으로 협상을 이끌어 내기 위해서는 누구보다도 말을 잘해야 한다. 말 잘하는 훈련도 꾸준한 토론의 시간이 있어야 가능한 일이며, 잠깐 도움을 받아 할 수 있는 일이 아니다. 부모가 어려서부터 꾸준히 함께하며 토론하는 환경을 만들어 주고 함께 동참했을 때 가랑비에 옷이 젖는 것처럼 부모 자신도 모르는 사이에 아이는 생각의 힘, 말하는 힘이 자라게 된다.

우리 집 세 아이는 이제 모두 성인이 되었다. 어려서부터 대화가 넘치는 집 분위기는 세 아이들에게는 좋은 환경이었다. 말하는 것을 즐기며 대화하고 토론하는 것을 두려워하지 않는다. 이런 자세가 사회생활을 하는 데 큰 도움이 되었고 자신들의 역량을 펼치는 데 힘을 발휘하고 있다. 모든 부모가 소망하는 자기 주도적인 삶을 살고 있다.

어려서부터 토론하는 문화는 세계적인 인재를 배출하는 유대인들의 원동력이 되었다고 본다. 그들은 그들만의 리그를 펼치고 있다고 해도 과언이 아닐 정도로 미국 언론계, 법조계, 영화계, 금융계를 장악하고 있다. 우리 아이들 미래도 이렇게 세상을 리드하는 인재로 성장시켜야 한다. 어려운 일이 아니다. 부모들이 환경만 만들어 준다면 가능한 일이다. 가정에서 부모와 질문하고 대화하고 토론하고 논쟁하는 문화가 우리 문화가 될 수 있다. 우리나라 아이들이 세계에서 머리가 가장 좋으며 부모들의 교육열 또한 세계적으로 널리 알려져 있다. 아이들의 미래를 위해, 경쟁력 있는 아이로 성장하도록 도와줘야 한다.

비판적 사고와 문제해결 능력, 도덕적 기준이 높아진다

하브루타가 좋은 이유는 이야기를 통해 과연 '나였다면' 이럴 때 어떻게 할 것인가를 자꾸 고민하게 만들어 준다. '어떻게 해결할 것인가?', '어떤 것을 선택할 것인가?' 이런 문제를 '나였다면'을 계속 고민하는, 즉 자신을 깊게 투영한 최고의 간접체험의 장이 열리는 것이다. 인상 깊었던 아이와의 상담 사례를 예로 들어 보겠다.

아이는 의사 선생님과 상담이 진행되고 있는 상태에서 나와 함께 하브루타 수업을 진행했다.

어느 날 아이는 이런 말을 했다.

"선생님, 저는 의사 선생님하고 상담하기 싫어요. 의사 선생님 앞에 앉아 있으면 제가 환자가 되는 것 같아 기분이 나빠요. 선생님하고 얘기하는 게 더 좋아요. 환자가 아니잖아요."

이 아이는 자신을 환자라고 생각하는 상담 시간이 불편했고, 그래서 더 상담받기가 싫은 경우다. 그런데 나와 진행하는 하브루타 수업은 자신의 상태나 자신을 대상으로 삼지 않는 다른 이야기를 통해 자기 생각을 말하는 과정이었기 때문에 자연스럽게 받아들여졌고, 결국 이를 통해 자신을 투영하는 과정이 불편하지 않았던 것이다. 다시 말하면 자존감이 낮은 상태가 아니라 자신은 선생님과 생각 나누기를 하고 있다는 높은 자존감 상태로서 상황을 인지하고 있다는 것이다.

공부해라! 공부해라! 아무리 이야기해도 소용없는 아이들이 있다. 그저 잔소리로 듣고 오히려 자기가 더 짜증을 내는 바람에 부모와 관계가 자꾸 틀어져 버린다. 이럴 때는 아이 스스로 동기를 찾는 방법이 필요하다. 유대인들은 탈무드라는 도구를 통해 스스로 고민하고 공부가 무엇인지 무슨 공부를 하고 싶은지 앞으로 공부를 통해 어떻게 성장하고 싶은지를 하브루타 하면서 학습 동기를 찾아가는 지혜로운 방법을 실천한다. 하브루타를 하다 보면 나에게 이런 문제가 있었구나, 하고 스스로 문제점을 찾아내고 자신이 선택한 공부를 흔들림 없이 유지하게 된다.

탈무드나 동화를 읽다 보면 아이 인격에 도움될 만한 개념들이 많이 들어 있다. 특히 도덕적으로 판단하거나 생각의 선택을 하는 과정에서 인격에 필요한 기본 소양의 기준이 높아진다. 도덕적 판단 기준이 높다는 것은 인품이 좋아진다는 의미며, 누구에게나 존경받을 만한 인격을 갖춘다는 뜻이다. 개인의 도덕적 판단 기준이 높다는 것은 그 사회가 품격 있는 사회가 될 것이며 더 크게는 그 나라 문화가 되는 것이다. 경제적으로만 대국이 되는 것보다 문화가 함께 성장하는 나라는 진정한 선진국이다.

효도하라고 아무리 말해도 스스로 효가 무엇인지 효를 실천해야 하는 이유가 무엇인지를 알지 못하면 그저 껍데기일 뿐이고 언젠가 밑천이 드러난다. 하지만 자신이 할 수 있는 효가 무엇인지 깊이 고민하다 보면 알아서 효를 실천하게 되는 것이다.

부모를 진심으로 존경하고 보살피는 사람이 품격 있는 삶을 살게 하도록 우리 부모 세대가 아이들이 마음껏 생각하는 환경을 만들어야 한다.

하브루타는 자기 전
마음 마사지다

잠자기 전 아이와 대화를 나누면서 아이 마음도 풀어 주고 편안하게 하루를 정리하는 마음 마사지 시간을 가져 보자. 세상에 매일 좋은 일만 일어나는 사람은 아무도 없다. 그러니 좋은 일도 좋지 않은 일도, 엄마와 함께 하루를 정리하면서 쌓아 두거나 회피하는 일 없이 숙면을 취할 수 있도록 충분히 어루만지도록 하자. 그러면 아이는 정서적, 심리적으로 안정된 생활을 할 수 있다.

오늘 하루 잘한 일도 미처 제대로 칭찬하지 못했다면, 자기 전 다시 화제로 올려 칭찬을 흠뻑 해 준다면 아이는 더 잘하고 싶은 마음이 들 것이다.

"오늘 잘했다고 생각한 거 있어?"
"오늘 네가 자랑스럽다고 느낀 일 있어?"
"오늘 힘든 일 있었어?"

"오늘 화난 일 있었어?"

"오늘 속상한 일 있었어?"

"오늘 자기 전에 하고 싶은 일 있어?"

이런 질문들이 아이가 잠시 잊어버린 일을 풀거나 털어버릴 수 있는 좋은 시간이다.

유대인들은 베드타임 스토리라는 시간을 아주 중요하게 생각한다. 자녀에게 책을 읽어 주거나 들려주며 질문을 주고받고 상상력과 창의력을 키워 주는 것이다. 이는 부모와 자녀 사이의 유대감을 길러 주며 아이가 세상을 알아가는 귀한 시간이 되므로 꾸준히 지속성을 유지하면 독창적이고 인성 좋은 아이로 자라는 데 큰 힘이 된다. 늦은 밤 아이와 함께하는 상상 질문놀이는 즐거움을 주는 동시에 유연한 관계와 창의성을 함께 잡는 효과적인 시간이다. 일하는 워킹맘들이 효과적으로 활용할 수도 있고 질적으로도 수준 높은 소통의 시간이 될 수 있다.

Part
02

✦✦✦

매일 아이와 함께한
동화 토론의 기적

✿ 전래동화 하브루타 대화법

- '김금선의 여는 이야기'로 몸과 마음을 풀면서 자녀와 가볍게 대화한다. 이 때 엄마, 아빠의 어린 시절 경험담을 들려줘도 좋다.
- 수록된 전래동화를 들려주거나 함께 읽는다. 아이 성격이나 성향에 필요한 이야기로 구분해 놓았기 때문에 아이에게 꼭 필요한 이야기들로 먼저 시작해도 좋다.
- '아이의 생각을 키워 주는 하브루타 대화'로 하브루타를 한다.
- 수록된 전래동화에서 자녀 스스로 궁금했던 단어나 개념에 대해 질문하게 한 후 그것으로 하브루타를 한다.
- 전래동화 글 안에 '엄마와 같이 찾아보는 낱말!'을 활용해 하브루타를 한다.
- 틈틈이 '부부가 함께하는 하브루타 대화'로 엄마와 아빠를 위한 토론의 장을 마련해 본다.

✿ 하브루타 질문의 초점 내용

- 다양한 개념을 이해하고 정리해 보는 질문
- 상상력을 자극해 창의적인 표현을 하는 질문
- 자신을 알아가는 질문
- 문제 해결 능력을 키우는 질문

Chapter 01

✦✦✦

이기적이고 욕심이 많은 아이

이기적이고 욕심이 많다고 반드시 나쁜 것이 아니다. 다른 관점으로 보면 내 것을 누구보다 잘 챙기고 자신을 우선시한다는 뜻이다. 어른들은 자주 "내 밥그릇 정도는 챙겨라, 자기 밥그릇도 못 챙기는 놈은 바보다"라고 말한다. 부모들 걱정 중 하나가 자식들이 자신의 밥그릇 정도는 잘 챙겼으면 하는 소망이라는 차원에서 본다면 충분히 이해가 가고 만족스럽기도 하다. '이기적이다'의 의미 안에는 욕심이 많다는 의미도 들었다.

그런데 이런 식으로 생각해 보면 너무 욕심이 없는 아이가 더 걱정스러운 상태인 건 아닐까? "저 사람은 법이 없어도 살 사람이야"라는 말이 온전히 긍정적으로만 들리는가! 다른 관점으로 보면 좋은 게 좋은 거라서 무조건 예스라고 하거나 누구와도 의견 충돌 없이 넘어간다는 게 지금 시대에 과연 큰 장점일까 싶다.

개인적으로 욕심이 많은 아이를 충분히 이해하고 그럴 수도 있다고 본다. 하지만 가족 안에서는 너그러이 용인되는 행동이 사회생활하면서 직장이라는 단체에서 일어나면 문제될 수 있다. 나의 과한 이기심과 욕심이 가족 사이에는 배려라는 미덕 안에서 이해되고 갈등이

나 마찰로 이어지는 일이 없더라도 사회는 가족이 아니기에 어느 선을 넘거나 과하게 느껴지면 갈등이 일어날 수밖에 없다.

지금은 성인이 된 큰딸이 지나치게 욕심이 많은 아이였다. 게임이든 달리기 시합이든 공부든 누구보다도 더 잘해야 하고 그렇지 않으면 자신을 달달 볶는 아이라 또래 아이들의 엄마는 가끔 곱지 않은 눈길을 주기도 했다. 이런 딸의 욕심을 건강한 욕심으로 키워 주기 위해 많은 노력을 기울였다. 동네 언니와 달리기 시합을 자주 했던 딸은 동네 언니가 두 살 위라 아무래도 이기기가 쉽지 않았다. 그런 언니를 어떻게든 이겨 보려는 마음에 큰딸은 가끔 언니 뒷덜미를 잡아당기는 초유의 반칙도 불사했다. 그럴 때 혼을 내기보다는 이기고 싶어 하는 그 마음을 인정해 주되 정정당당하게 이겨야 진정한 승리라는 것을 이해시켜 주기 위해 대화로 풀어 갔다. 그러면서 달리기를 잘하려면 연습이 필요하다며 집 주변 초등학교 운동장에서 저녁마다 훈련도 했다. 그렇게 매일 연습한 결과 정정당당하게 동네 언니를 이기는 날이

오자 누구에게도 비난받지 않고 스스로 노력을 통해 얻어지는 성취감과 이겨 내는 과정을 알게 되었다.

지금은 누구보다 열정적이고 누구와도 협업을 잘하는 인기 만점 사회생활을 하고 있다. 그때 사람들 앞에서 망신을 주거나 자주 혼을 내고 나쁜 아이라는 낙인을 찍었다면, 그 일이 두고두고 나쁜 기억으로 남아 지금처럼 장점으로 승화되기는 힘들었을 것이다. 단점을 다른 관점에서 바라보면 큰 장점이 숨어 있다는 것을 부모인 우리는 알아야 한다.

전래동화 읽기

송아지와 바꾼 무

옛날 어느 시골에 한 농부가 살고 있었습니다. 이 농부는 해마다 무 농사를 지었는데, 봄과 여름 동안 정성을 다해 가꾸었더니 가을이 되어 탐스러운 무가 쑥쑥 뽑혀 나왔습니다. 그런데 그중에 어떤 무는 어쩌나 큰지 어린아이 몸뚱이만 하였습니다. 이 농부는 그 큰 무를 자기가 먹기 아까워서 고을 원님에게 가져가기로 했습니다. 그 고을 원님은 **어질고** 사리에 밝아서 백성들 세금도 감해 주고 송사도 바르게 보아 **칭송**이 자자하였습니다. 농부는 짚으로 섬을 곱게 엮어서 그 안에 무를 넣어 가지고서 원님을 찾아갔습니다.

"사또, 소인이 여러 해 동안 농사를 했습니다만, 이렇게 큰 무는 처음 봅니다. 농사가 잘된 것도 모두 사또께서 어질게 고을을 다스려 주신 덕택이니 이것을 사또께 바치겠습니다."

이에 사또가 입이 닳도록 칭찬을 하고 이방을 부르더니, "이 귀한 선물을 받고 그냥 보낼 수는 없느니라. 요새 들어온 물건 중에 줄 만한 것이 있겠느냐?" 하고 묻자 이방이 다른 것은 없고 송아지 한 마리가 있다고 하니 원님은 그럼 그걸 내주라고 말했습니다. 농부는 무 하나 바치고 송아지 한 마리를 얻었으니 횡재를 한 셈이었습니다.

한 동네에 사는 욕심쟁이 농부는 그 소문을 듣고 샘이 나, 어떻게 하면 자신도 횡재를 할까 궁리를 하다 좋은 생각이 떠올랐습니다. 무 하나를 바치고 송아지 한 마리를 얻었으니 송아지를 바치면 더 큰 걸 받을 수 있을 거라 생각하고 원님을 찾아간 것입니다. 사또가 이번에도 침이 마르도록 칭찬을 하고 나서 이방에게 물었습니다.

"요새 들어온 물건 중에서 귀한 것이 없느냐?"

"귀한 물건이라면 며칠 전에 들어온 무가 있습니다."라고 이방이 말했습니다. 원님이 그럼 그것을 내어주라고 이르니 이방이 어린아이 몸뚱이 만한 무를 욕심쟁이에게 떡하니 안겨 주었습니다. 욕심쟁이는 **횡재**하려고 송아지를 갖다 바쳤다가 결국은 무 하나와 바꾸는 꼴이 되고 만 것입니다.

아이의 생각을 키워 주는 하브루타 대화

- 농부는 어떤 일을 하는 사람일까요?
- 유난히 큰 무가 어떻게 나왔을까요?
- 농부는 왜 큰 무를 먹지 않고 원님에게 선물할 생각을 했을까요?
- 큰 무를 원님에게 들고 갔을 때 어떤 기분이었을까요?
- 내가 선물한 물건보다 더 큰 선물을 받았을 때 기분이 어떨까요?
- 맛있는 음식을 먹지 않고 양보한 적이 있나요?
- 횡재했다고 생각한 일이 있다면 어떤 일이었을까요?
- 더 큰 것을 바라고 선물할 때 마음은 어떤 마음일까요?
- 욕심은 왜 생길까요?(욕심을 버릴 수 있는 방법은 무엇일까요?)
- 욕심부리다가 들켰을 때 기분은 어떨까요?
- 원님은 왜 농사꾼에게 무를 선물로 주었을까요?

엄마와 같이 찾아보는 낱말!

어질다   칭송   횡재

질문하는 아이, 궁금해졌어요!

-
-
-
-
-

전래동화 읽기

금 구슬을 버린 형제

옛날 한 마을에 **우애**가 깊은 형제가 살고 있었습니다. 형은 부모님께서 물려주신 땅 중에서 가장 **비옥한** 땅을 아우에게 주고 자신은 **황무지**를 일구어 농사를 지었습니다. 아우도 틈만 나면 형의 논에 자란 풀을 뽑아 주고, 크고 거친 돌을 골라냈습니다.

어느 날, 형제는 장터에 가려고 길을 나섰습니다. 그런데 강바닥에서 반짝반짝 빛나는 것이 보였습니다. 아우가 허리를 숙여 건져 올린 것은 금 구슬 두 개였습니다.

"형님, 이것 보세요. 금 구슬이에요!"

"와, 이제 아우는 큰 부자가 되었구나!"

"아니에요, 형님과 사이좋게 나눠 가져야죠."

형은 금 구슬을 받지 않으려고 했지만, 아우는 형의 손에 꼭 쥐어 주었습니다.

"아우야, 오늘 날씨가 무척 덥구나. 강물에 얼굴이라도 씻고 가자꾸나."

"네, 형님."

두 형제는 바지를 걷어 올리고 강물에 들어가 땀을 식혔습니다. 그런데 갑자기 아우가 금 구슬을 힘껏 강에 던지는 것이었습니다. 형은 깜짝 놀라 아우를 쳐다보았습니다.

"아우야, 왜 그러느냐?"

"형님, 저는 형님을 아주 존경했습니다. 세상에서 저를 가장 아껴 주시는 분이니 그 은혜를 갚을 길이 없다고 생각했었죠. 그런데 금 구슬 하나를 형님께 드리고 나서부터 형님이 원망스러워졌습니다. 형님만 안 계셨다면 금 구슬 두 개가 모두 내 차지가 됐을 텐데 하는 욕심이 생겼습니다. 그래서 금 구슬을 버린 것입니다. 형님, 저를 용서해 주십시오."

"아니다, 아우야! 우리 형제의 우애를 해치는 물건은 더 이상 필요 없다. 내게는 금 구슬보다 아우인 네가 더 소중하다."

형도 가지고 있던 금 구슬을 강에 던졌습니다. 두 형제는 환한 미소를 지으며 집으로 돌아왔습니다.

아이의 생각을 키워 주는 하브루타 대화

- 우애 깊은 형제를 보는 부모님의 마음은 어떨까요?
- 형은 왜 동생에게 가장 비옥한 땅을 주었을까요?
- 형도 금 구슬 두 개를 모두 갖고 싶지 않았을까요?
- 금 구슬 한 개를 받은 형의 기분은 어땠을까요?
- 소중한 물건을 누군가에게 준 적이 있나요?
- 나한테 갑자기 금덩이가 주어진다면 누구와 나누고 싶을까요?
- 동생의 행동을 보고 어떤 생각이 드나요?
- 금 구슬을 버린 이유를 들은 형은 어떤 생각이 들었을까요?
- 좋아하는 물건을 가지고 누군가와 다툰 적은 없나요?
- 형제가 모두 금 구슬을 버리지 않고 잘 지낼 방법은 없었을까요?

 엄마와 같이 찾아보는 낱말!

우애   비옥한   황무지

질문하는 아이, 궁금해졌어요!

-
-
-
-
-

. 전래동화 읽기.

개와 고양이

　옛날 어느 바닷가에 늙은 부부가 고기잡이를 하며 어렵게 생활하고 있었습니다. 하루는 영감이 고기를 잡으러 나갔는데 하루 종일 **허탕**만 치고 있다가, 다행히 집에 막 돌아가려고 할 때 잉어를 낚게 되었습니다. 그런데 잡힌 잉어가 눈물을 흘리고 있었습니다.
　"거 참, 잉어가 눈물을 흘리다니……."
　영감은 잉어를 불쌍하게 여기고 그냥 놓아주었습니다.
　이튿날 영감이 다시 낚시를 하러 나갔는데, 갑자기 한 사람이 영감 앞에 나타나 공손히 절을 하며 자신을 소개하는 것이었습니다.
　"저는 용왕의 사자입니다. 어제 영감님이 잡은 잉어는 용왕의 아들이었습니다. 목숨을 살려준 은혜를 갚고자 영감님을 모셔가려고 왔습니다."
　영감은 사자를 따라 용궁에 가게 되었습니다. 용왕은 영감에게

후한 대접을 했고, 여러 날 대접을 받으며 잘 지내던 영감은 문득 홀로 두고 온 할머니 생각이 나서 용왕의 아들에게 청했습니다.

"집에 홀로 두고 온 할멈이 있어 집으로 돌아갔으면 합니다."

그러자 용왕의 아들은 영감에게 **귀띔**을 해 주었습니다.

"용궁을 떠날 때 저희 아버님이 선물을 주실 것입니다. 그때 꼭 옥함 속의 구슬을 달라고 하십시오."

이튿날 영감이 용왕에게 집에 가겠다고 인사하자 용왕은 원하는 선물을 주겠다고 말했습니다.

"선물을 주신다면 옥함 속의 구슬을 주십시오."

영감의 청에 용왕은 순간 망설였으나 이미 약속한 바가 있어 구슬을 주어 돌려보냈습니다.

영감은 구슬을 가지고 집으로 돌아왔습니다.

"영감, 알고 보니 이 구슬이 소원을 들어주는 구슬이구려. 내가 오늘 저녁거리는 무엇으로 먹나. 어디 맛있는 밥 한 그릇 없나 했더니 밥 한 그릇이 나오지 뭐요."

"정말이오?"

"정말이라니까요. 영감도 한번 소원을 말해 보구려."

영감은 구슬을 들고 말했습니다.

"내가 큰 기와집을 가졌으면 좋겠다."

그랬더니 정말 큰 기와집이 나왔고, 영감 부부는 기와집도 얻고 부자가 되어 행복하게 살게 되었습니다.

그러던 어느 날, 소문을 들은 건넛마을 심술궂은 노파가 방물장수 행세를 하며 이 집에 찾아왔습니다.

"이 물건들 한번 보구려. 그리고 이 예쁜 구슬도 좀 보고……."

노파가 들고 온 것들에 눈이 휘둥그레진 할멈은 물건들을 보고 한눈을 파느라 노파가 구슬을 바꿔치기 하는 줄도 몰랐습니다.

'옳다구나. 이제 소원을 들어주는 구슬은 내 것이 되었다.'

노파는 구슬을 손에 넣자 서둘러 떠났고, 노파가 사라지자 영감의 집과 재물이 모두 사라져 버리고 말았습니다. 영감과 할멈은 그제야 구슬이 사라진 것을 알게 되었습니다.

노부부에게는 자식처럼 키우던 개와 고양이가 있었는데, 개와 고양이는 **망연자실**한 노부부를 보고 뜻을 모았습니다. 개가 말했습니다.

"우리가 구슬을 다시 찾아오자!"

"그러자!"

고양이가 대답했습니다. 개와 고양이는 이웃마을로 건너가 그 노파를 찾아냈습니다. 고양이는 노파 집의 쥐 중에 대장 쥐를 잡아서 **인질**로 삼고 나머지 쥐들에게 구슬을 가져오게 하였습니다.

"구슬을 찾았어!"

고양이와 개는 구슬을 되찾아 집으로 향했습니다. 그런데 집으로 가려면 강물을 건너야 했습니다. 그래서 고양이가 구슬을 입에 물고 개가 고양이를 업어 물을 건너기로 했습니다. 물을 건너며 개가 고양이에게 물었습니다.

"구슬을 잘 물고 있느냐?"

하지만 고양이는 구슬을 물고 있었기 때문에 입을 열어 대답할 수가 없었습니다.

"구슬을 잘 물고 있느냐니까?"

여전히 고양이는 대답할 수가 없었고, 개는 계속해서 고양이에게 물었습니다.

"구슬을 잘 물고 있느냐고 물었는데 내 말이 안 들려?"

결국 고양이는 화를 내며 그렇다고 대답하다가 그만 물속에 구슬을 빠뜨리고 말았습니다.

"구슬을 물에 빠뜨리면 어떻게 해?"

개는 고양이에게 화를 내며 그대로 집으로 돌아가 버렸고, 고양이는 실망한 모습의 주인 노부부를 생각하며 강가에 앉아 있었습니다. 이때 어부들이 그물을 걷다가 죽은 물고기 한 마리를 던졌고, 고양이는 배가 고파서 그 물고기를 덥석 물어다가 먹기 시

작했습니다. 그랬더니 놀랍게도 물고기의 배 속에서 잃어버린 그 구슬이 나왔습니다. 물고기가 구슬을 삼키고 죽은 것이었습니다.

　고양이는 기쁜 마음에 구슬을 물고 집으로 돌아가 노부부에게 건네주었습니다. 노부부는 다시 큰 부자가 되었고 고양이를 더욱 예뻐하며 항상 집 안에서 키웠습니다. 하지만 개는 집 안에 들어오지 못하고 마당을 지키게 되었습니다. 이때부터 고양이와 개의 사이가 지금처럼 나빠졌다고 합니다.

아이의 생각을 키워 주는 하브루타 대화

- 붕어와 잉어는 어떻게 다를까요?
- 살아 있는 생물을 살려 준 적이 있나요?
- 용왕이 준 구슬이 나에게 있다면 어떤 소원을 빌고 싶나요?
- 착한 일을 해서 칭찬받은 적이 있다면 무슨 일이었을까요?
- 방물장수는 무엇을 팔았을까요?
- 개와 고양이는 어떤 마음으로 구슬을 찾으러 갔을까요?
- 소중한 물건을 잃어버렸을 때 기분이 어떨까요?
- 친구를 도와준 적이 있다면 무슨 일이었을까요?
- 어리석은 행동과 지혜로운 행동의 차이는 무엇일까요?
- 개와 고양이의 도움을 받고 구슬을 되찾은 노부부 마음은 어떨까요?
- 관계가 좋지 않은 친구가 있나요?

 엄마와 같이 찾아보는 낱말!

허탕   귀띔   망연자실   인질

질문하는 아이, 궁금해졌어요!

-
-
-
-
-

전래동화 읽기

혹부리 영감

　옛날 옛적 어느 산골 마을에 마음씨 착한 혹부리 영감이 살고 있었습니다. 하루는 혹부리 영감이 산으로 나무를 하러 갔다가 해가 저물어 주위가 캄캄해지고 말았습니다.

　"아이쿠, 시간이 벌써 이렇게 됐네. 날이 어두워서 마을로 내려가지 못할 것 같은데 오늘 밤을 어디서 묵는담. 옳지! 저곳에서 오늘 밤을 지새워야겠구먼."

　혹부리 영감은 숲 속에서 낡은 집 한 채를 발견하고는 그곳에서 하룻밤을 보내기로 했습니다. 밤이 점점 깊어지자 혹부리 영감은 무서워져 두려움을 달래기 위해 흥얼흥얼대며 노래를 부르기 시작했습니다.

　"달아 달아 밝은 달아 이태백이 놀던 달아."

　바로 그때, 갑자기 머리에 뿔이 달린 험상궂게 생긴 도깨비들이 나타났습니다.

　놀란 혹부리 영감님은 그 자리에 털썩 주저앉아 부들부들 떨고 말았습니다.

　"도…도깨비님들, 제발 목숨만 살려 주십시오. 목숨만 살려 주신다면 뭐든지 다 하겠습니다."

　"으하하, 뭐든지 다 하겠다고, 그럼 아까 영감이 불렀던 노래 한번 다시 불러 보게나."

혹부리 영감이 덜덜덜 떨면서 노래를 부르기 시작했고, 노래에 맞춰 도깨비들은 **흥겹게** 춤을 추었습니다. 노래가 끝나자 도깨비 무리들 중에서 **우두머리**로 보이는 한 도깨비가 혹부리 영감에게 말했습니다.

"영감, 영감은 어찌 그렇게 노래를 잘 부르시오. 도대체 그 아름다운 노래는 어디서 나오는 거요?"

"글쎄요!" 그러면서 혹부리 영감님이 무심코 볼에 달린 혹을 쓰다듬었습니다.

그 모습을 본 다른 도깨비가 "옳지! 알았다! 바로 영감님 볼에 달린 그 큰 혹이 노래 주머니로군."

"노…노래 주머니요? 아니오, 이것은 그냥 혹일 뿐이오."

"거짓말 마시오. 영감, 우리가 혹 값으로 금은보화를 줄 터이니 그 혹을 우리에게 파시오." 그러고는 도깨비들은 방망이를 이리저리 휘두르더니 할아버지의 혹을 뚝 떼었습니다.

"영감, 이 노래 주머니 대신 금은보화가 담긴 자루를 가져가시오!" 새벽닭이 울자 도깨비들은 혹부리 영감의 혹을 가지고는 흔적도 없이 사라져 버렸습니다.

도깨비들이 떠난 후 혹부리 영감은 한동안 정신을 차릴 수 없었습니다. 정신을 차리고 뺨을 만져 보니 정말로 혹이 없어지고 옆에는 금은보화가 가득 담긴 자루가 놓여 있었습니다. 혹부리 영감은 얼씨구나 하면서 금은보화 자루를 들고 마을로 내려왔습니다.

　혹부리 영감이 혹도 떼고 부자가 됐다는 소문이 순식간에 온 마을에 퍼졌고, 같은 마을에 사는 욕심쟁이 혹부리 영감은 이 소문을 듣고 샘이 났습니다. 그래서 욕심쟁이 혹부리 영감님도 **부랴부랴** 밤이 되자 산으로 올라가 낡은 집을 찾아가 도깨비 무리들이 모여 있는 곳에 가서 노래를 불렀습니다.

　"도깨비 양반들 안녕하시오. 제 노래는 바로 이 혹에서 나온다오. 이 혹은 세상의 모든 흥겨운 노래를 다 알고 있지요."

　"무엇이? 그 혹이 노래 주머니라고?"

　"정말입니다요. 보물 주머니를 주시면 이 혹을 뚝 떼어드리겠습니다."

　"이놈! 내가 한 번 속지, 두 번 속을 줄 아냐!"

　"속이다니요. 이 혹은 다른 혹하고 다릅니다요."

　"그래, 그 혹이 그렇게 좋단 말이지. 그럼 내가 보물 대신 혹 하나를 선물로 주지. 얘들아 저번에 떼어온 혹을 붙여 주고 혼을 내주거라!" 도깨비들은 욕심쟁이 할아버지 볼에 또 다른 혹을 철썩 붙여 주었습니다.

　"하하하! 양볼에 노래 주머니가 있으니 근사한걸. 어디, 그 잘

난 노래나 계속 불러 보시지 그래. 으하하하." 그러고는 도깨비들은 심술궂고 욕심 많은 혹부리 영감에게 방망이를 휘둘렀습니다. 그렇게 욕심 많은 영감님은 혹을 떼러 갔다가 도리어 혹을 하나 더 달고 매까지 맞고 돌아오고야 말았습니다.

아이의 생각을 키워 주는 하브루타 대화

- 방에 도깨비가 나올 것처럼 무서웠던 적이 있나요?
- 혼자 집에 있을 때 무서웠던 적은 없나요?
- 모르는 사람이 초인종을 누르면 어떻게 해야 할까요?
- 도깨비들은 왜 혹부리 영감의 노래가 듣고 싶었을까요?
- 노래와 춤을 좋아하는 도깨비라면 착한 도깨비인가요?
- 도깨비 방망이가 있다면 나의 생활이 어떻게 바뀔까요?
- '안 좋은 일이 오히려 좋은 일이 되었다'를 속담이나 사자성어로 표현한다면 무엇일까요?
- 일부러 거짓말을 해서 이익을 얻으려고 하면 어떤 일이 일어날까요?
- 혹 떼려다 혹 하나 더 붙인 경우가 있었나요?
- 왜 도깨비는 영감의 혹에서 노래가 나온다고 생각했을까요?

 엄마와 같이 찾아보는 낱말!

흥겹게   우두머리   부랴부랴

질문하는 아이, 궁금해졌어요!

-
-
-
-
-

．전래동화 읽기．

냄새 값

　옛날 한 마을에 가난뱅이와 부자가 담을 맞대고 살고 있었습니다. 이들이 가난뱅이고 또 부자인 이유는 모두 그만한 사정이 있었습니다. 부자는 무엇이든 한번 자기 손에 들어오면 다 가져 버렸고, 가난뱅이는 자기가 쓸 것까지 모두 남들에게 주고 말아서 가난뱅이가 된 것이었습니다.

　예를 들어 부자가 어느 농부한테 **가래**를 빌리면 부자는 빌린 가래를 돌려주지 않고 자기가 가져 버렸습니다. 그런데 가난뱅이는 부자와는 완전히 달랐습니다. 가난뱅이는 어려운 이웃을 보면 그냥 지나치는 적이 없었습니다.

　하루는 가난뱅이가 들일을 마치고 집으로 돌아가는데 부잣집에서 생선 굽는 냄새가 났습니다. 그런데 그 냄새를 맡은 가난뱅이에게 부자가 기가 막힌 말을 하는 것이었습니다.

"우리 집에서 나는 냄새를 맡았으니 냄새 맡은 값을 내놓거라!"

"냄새 값이라니요? 그런 값도 있나요?"

가난뱅이는 그렇게 말하면서도 돈을 내겠다고 말하고 집으로 돌아왔습니다. 그런데 가진 돈이 내일모레 조상님 제사상 볼 돈밖에 없었습니다. 그러자 가난뱅이의 아들이 꾀가 하나 떠올랐습니다. 날이 밝자 가난뱅이의 아들은 돈을 들고 부잣집을 찾아갔습니다.

"냄새 값을 받고 싶으면 나오시지요."

냄새 값을 낸다고 하니 부자가 대문을 열고 살짝 내다봤습니다. 그런데 가난뱅이의 아들이 돈은 주지 않고 동전이 든 주머니만 짤랑짤랑 흔드는 것이었습니다.

가난뱅이의 아들이 돈은 안 주고 계속 동전만 흔드니까 부자는 화가 났습니다. 그래서 부자는 대문을 **박차고** 나갔습니다. 그때 대문 안에서 부자가 이웃들에게 빌렸다가 빼앗은 것들이 쏟아져 나왔습니다. 그러자 본래 그 물건의 주인들이 우르르 몰려와서 다 가지고 가 버렸습니다.

부자는 더욱 화가 났습니다. 그런데 가난뱅이의 아들은 계속 동전을 흔들기만 했습니다. 부자는 화가 나서 물었습니다.

"왜 냄새 값은 안 내고 동전만 흔드느냐?"

그러자 가난뱅이의 아들이 대답했습니다.

"동전 소리를 들었으니 동전 소리 값을 먼저 내면 돈을 드리지요."

부자는 **입맛만 쩍쩍 다시다**가 집으로 슬그머니 들어가 버렸습니다. 그래서 영리한 아들을 둔 착한 가난뱅이는 조상님 제사도 잘 지내고 행복하게 살았다고 합니다.

아이의 생각을 키워 주는 하브루타 대화

- 왜 가난한 사람이라고 하지 않고 가난뱅이라고 했을까요?
- 가난뱅이처럼 내게 필요한 물건을 친구를 위해 준 적이 있나요?
- 어려운 사람을 보고 도와준 적이 있나요?
- 부자는 어떤 사람이라고 생각하나요?
- 부자처럼 냄새 맡는 값을 내놓으라고 하면 어떻게 거절해야 할까요?
- 억울하다고 생각했던 일이 있었나요?
- 가난한 사람의 어떤 행동이 지혜로웠나요?
- 지혜로운 행동으로 위험한 일을 당하지 않은 적이 있나요?
- 부자가 되고 싶다면 무엇을 해야 할까요?
- 가난한 사람은 모두 착할까요?

 엄마와 같이 찾아보는 낱말!

가래   박차다   입맛만 쩍쩍 다시다

질문하는 아이, 궁금해졌어요!

-
-
-
-
-

전래동화 읽기

소금을 만드는 맷돌

옛날 옛날 아주 먼 옛날, 신기한 **맷돌**을 가진 임금님이 살았습니다.

신기한 맷돌은 임금님이 "나와라, 밥!" 하면 끝도 없이 밥을 만들었습니다. 그리고 "그쳐라, 밥!" 하면 뚝 그쳤답니다.

밥만 나오는 맷돌이 아니라, 임금님이 "나와라, 금!" 하면 금이 나오고, "나와라 보물!" 하면 보물이 나오는 요술 맷돌이었습니다. 임금님은 신기한 요술 맷돌을 아주 소중하게 여겨 임금님 방 깊숙이 두었지만, 요술 맷돌 이야기는 온 나라 안에 퍼져 나갔습니다.

어느 날, **뱃심** 두둑한 도둑이 맷돌을 훔치러 궁궐에 들어왔습니다.

"맷돌은 어디에 두었을까?"

맷돌을 찾기 위해 궁궐 안을 여기저기 뒤지던 도둑은 마침내 임금님 방으로 들어갔습니다. 임금님은 도둑이 들어온 줄도 모르고 쿨쿨 깊은 잠에 빠졌답니다.

도둑은 맷돌을 자루에 담아 궁궐을 빠져 나왔습니다.

"아침이 되면 맷돌이 없어진 것을 알게 될 테니까 멀리멀리 도망가야지."

바닷가로 달려간 도둑은 배를 탔습니다.

"이게 바로 그 유명한 요술 맷돌이란다. 한번 시험해 볼까? 나와라, 금!"

도둑이 소리치자 맷돌에서는 금이 쏟아져 나왔습니다.

"우아, 정말 요술 맷돌이잖아! 그쳐라, 금!"

거짓말같이 금이 멈췄습니다. 도둑은 꿈만 같아서 자기의 볼을 꼬집어 보았습니다.

"아얏! 세상에 부러울 것이 없군. 값비싼 소금을 팔아서 부자가 되어야겠다. 나와라, 소금!"

맷돌에서 쉴 새 없이 소금이 쏟아져 나왔고, 소금은 금세 배 안에 가득 찼습니다.

하지만 욕심 많은 도둑은 멈추지를 않았답니다. 하얀 소금이 배 안에 수북이 쌓이자 갑자기 배가 기우뚱거리기 시작하였습니다.

　깜짝 놀란 도둑은 "그쳐라, 소금!"이라는 말을 잊어버렸습니다. 마침내 맷돌은 배와 함께 바닷속으로 가라앉고 말았답니다. 그렇지만 요술 맷돌은 바닷속에서도 쉬지 않고 돌았습니다. 바닷물이 짠 이유는 지금도 옛날에 가라앉은 맷돌에서 쉬지 않고 소금이 나오기 때문이랍니다.

아이의 생각을 키워 주는 하브루타 대화

- 요술 맷돌이 있다면 제일 먼저 하고 싶은 일이 있나요?
- 요술 맷돌이 있다면 게으름뱅이가 되지 않을까요?
- 도둑은 왜 소금을 생각했을까요?
- 소금이 없다면 어떤 일들이 일어날까요?
- 욕심이 많아서 좋은 점은 무엇이며 나쁜 점은 무엇일까요?
- 욕심을 부리다 혼이 난 일이 있나요?
- 남이 가지고 있는 것 중 부러운 것이 있나요?
- 어떤 마음으로 남의 것을 훔치는 걸까요?
- 맷돌을 돌려서 음식을 만들면 얼마나 힘들까요?
- 우리 생활을 편리하게 해준 과학의 발전은 어떤 것들이 있을까요?
- 도둑은 왜 그치는 주문을 잊어버렸을까요?

 엄마와 같이 찾아보는 낱말!

맷돌   뱃심   자루

질문하는 아이, 궁금해졌어요!

-
-
-
-
-

전래동화 읽기

빨강 부채 파랑 부채

　가난한 나무꾼이 산에서 열심히 나무를 하다가 <u>도끼</u>를 내려놓고 잠시 쉬고 있었습니다. 그러다 나뭇가지에 걸린 두 개의 부채를 발견했습니다. 하나는 빨강 또 하나는 파랑 부채였습니다.
　"옳다구나, 더운데 마침 잘됐네."
　나무꾼은 땀을 식히려고 빨강 부채를 집어 부채질을 했습니다.
　"어~ 어, 시원하다."
　그런데 이게 무슨 일인가요. 시원한 것은 좋은데 갑자기 코가 길어지는 것이었습니다. 나무꾼이 깜짝 놀라 이번에는 파랑 부채를 집어 부채질을 하니 길어졌던 코가 짧아졌습니다.
　"허 참, 희한한 부채일세."
　나무꾼은 집으로 돌아와 부인에게 보여 주었습니다.
　"여보, 빨강 부채를 부치면 코가 길어지고, 다시 파랑 부채를 부치면 코가 짧아지니 이런 희한한 부채를 어디에 써먹으면 좋을까요?"

나무꾼은 부채를 어디에 쓸까 하고 고민하다가 문득 부자 영감이 떠올랐습니다.

부자 영감의 **환갑 잔칫날** 나무꾼은 빨강 부채를 소매에 숨겼다가 부자 영감에게 몰래 부채질을 했습니다.

"어이쿠! 이게 무슨 일이야. 왜 갑자기 내 코가 길어진 거지?"

사람들은 부자 영감의 코를 보고 깜짝 놀랐습니다. 부자 영감은 영문도 모른 채 갑자기 길어진 코를 붙잡고 울먹이며 말했습니다.

"내 코를 원상태로 돌려주는 사람에게 큰 상금을 줄 테이니, 제발 내 코 좀 원래대로 고쳐 줘!"

나무꾼은 모른 체하고 집으로 돌아왔습니다. 사람들은 상금이 탐났지만 아무도 영감의 길어진 코를 고칠 수 없었답니다.

한참이 지나 나무꾼은 영감의 집을 찾아갔습니다. 부자 영감은 코를 부여잡고 울고 있었습니다.

"내 코, 내 코, 내 코가 왜 이렇게 길어진 게야. 엉엉."

나무꾼은 부자 영감에게 다가가 조용히 말했습니다.

"제가 고칠 수 있을 것 같은데요. 만약 영감님의 코를 고쳐 주면 무엇을 주시겠습니까?"

"정말인가? 자네가 내 코만 원래대로 고쳐 준다면 재산의 절반을 주겠네."

나무꾼은 영감에게 눈을 감으라고 했습니다.

"눈을 꼭 감아야 하는가?"

"눈을 뜨고 있으면 고칠 수가 없습니다."

영감이 눈을 감자 나무꾼은 파랑 부채로 부채질을 해 주었고, 부자 영감의 코가 원래대로 돌아갔습니다.

"아이고, 이제야 내 코가 제대로 돌아왔네. 여보게, 정말 고맙네."

부자 영감은 약속대로 재산의 절반을 나무꾼에게 주었습니다. 나무꾼은 부채 덕분에 부자가 되었습니다.

어느 날 나무꾼은 집 마당에 누워 하늘을 보고 엉뚱한 생각에 잠겼습니다.

"빨강 부채로 부채질을 하면 코가 얼마만큼 길어질까?"

나무꾼은 빨강 부채로 부채질을 계속하기 시작했습니다. 코는 계속 길어져 하늘 꼭대기까지 닿았고 하늘에 있는 선녀가 그 코를 보고는 깜짝 놀라고 말았답니다.

아이의 생각을 키워 주는 하브루타 대화

- 누가 산속에 부채를 갖다 놓았을까요?
- 빨간 부채와 파란 부채 중 하나만 가질 수 있다면 어떤 부채를 가지고 싶을까요?
- 부채는 왜 코만 움직이게 할까요?
- 부채가 원하는 모든 것을 들어준다면 가장 바라는 것은 무엇인가요?
- 거짓말하면 코가 커지는 다른 이야기를 알고 있나요?
- 욕심이 지나치면 어떤 일들이 일어날까요?
- 누군가의 도움으로 좋은 일이 있었다면 어떤 일이었나요?
- 하늘까지 올라온 코를 본 선녀는 어떤 행동을 했을까요?
- 내가 선녀라면 어떻게 했을까요?
- 욕심을 부리다 망한 뜻을 담은 속담이나 사자성어가 있다면 무엇인가요?
- 뒷이야기를 생각해 보아요.

 엄마와 같이 찾아보는 낱말!

도끼   환갑   잔칫날

질문하는 아이, 궁금해졌어요!

-
-
-
-
-

전래동화 읽기

젊어지는 샘물

나무꾼 할아버지가 아침에 나무를 하러 산에 갔다가 파랑새 한 마리를 만났습니다.

"짹짹짹."

처음에는 그냥 새 소리려니 했는데, 자세히 들어보니 파랑새가 자신에게 말을 거는 것 같았습니다.

할아버지가 파랑새의 새 소리에 귀를 기울이자 파랑새는 앉아 있던 나뭇가지에서 날아올라 산속 깊은 데로 들어갔습니다. 할아버지는 파랑새를 따라갔답니다.

거기에는 옹달샘이 하나 있었습니다. 마침 파랑새를 쫓느라 할아버지는 목이 말랐습니다. 그래서 엎드려 갈증이 풀릴 때까지 **샘물**을 꿀꺽꿀꺽 마셨답니다.

"아, 시원하다."

그렇게 할아버지는 낯선 곳에서 여느 때처럼 나무를 했습니다.

나무를 한 짐 하고 집으로 가는 길에 할아버지는 다른 때보다 몸이 가벼운 것을 느꼈습니다. 아마도 맛난 샘물을 실컷 마셔서 그런 거라고 할아버지는 생각했답니다. 정말 맛있는 샘물이었습니다.

"나 왔소."

집에 도착한 할아버지는 문간에 나뭇짐을 내려놓으며 말했습니다. 할머니가 방문을 열고 나와 할아버지를 맞았지요. 그런데 할아버지를 본 할머니는 깜짝 놀라고 말았습니다. 눈앞에 웬 젊은이가 서 있는데 할머니가 보기에 딱 할아버지 젊었을 때 모습을 하고 있었기 때문입니다.

"어머나! 댁은…… 당신이 어쩌다 이렇게 젊어졌소?"

"무슨 소리요?"

놀라는 할머니와 달리 젊어진 할아버지는 영문을 몰라 시큰둥했답니다. 할머니는 방에 들어가 거울을 가지고 왔습니다. 그러고는 할아버지 얼굴을 거울에 비쳐 보여 주었습니다.

"이런, 이게 나요?"

"에구구, 그러니까요."

할아버지는 낮에 있었던 일을 차근차근 할머니에게 이야기해 주었습니다. 할머니는 무릎을 쳤습니다.

"옳거니! 파랑새가 당신한테 그 신비한 샘으로 안내한 거로군요."

다음 날 할아버지는 할머니를 할아버지가 갔던 **옹달샘**으로 데리고 갔습니다.

"여보, 이거요. 얼른 마셔요."

할머니도 샘물을 손으로 떠서 꼴딱꼴딱 맛나게 마셨습니다.

그랬더니 사사삭 사사삭 할머니 머리카락이 까매지면서 윤기가 나기 시작했고, 얼굴 주름이 펴졌으며, **이목구비**도 뚜렷해지는 게 딱 할아버지가 할머니를 처음 봤을 때의 새색시로 변하는 게 아니겠어요? 젊어진 할아버지와 할머니는 손을 잡고 기뻐 제자리에서 뛰고 서로 얼싸안았습니다.

젊어진 할아버지와 할머니 이야기는 사람들 사이에 널리 퍼졌습니다. 하지만 사람들이 할아버지와 할머니를 찾아와 옹달샘이 어디 있는지 알려 달라고 해도 할아버지와 할머니는 절대로 옹달샘이 어디에 있는지 알려 주지 않았습니다.

그런데 같은 마을에 사는 욕심쟁이 할아버지는 고집이 무척 셌답니다. 할아버지와 할머니가 알려 줄 수 없다고 해도 집으로 돌아가지 않고 며칠이고 막무가내로 할아버지네 집에서 먹고 자고 고집을 피웠답니다. 할아버지는 욕심쟁이 할아버지의 고집에 꺾여 하는 수 없이 옹달샘이 어디 있는지 가르쳐 주었답니다.

다음 날, 욕심쟁이 할아버지는 혼자 옹달샘을 찾아갔습니다.

옹달샘에 도착한 욕심쟁이 할아버지는 벌컥벌컥 샘물을 마시고 또 마셨습니다. 한 바가지는 족히 마셨을 것입니다. 그러자 슬슬 졸음이 쏟아졌습니다. 욕심쟁이 할아버지는 졸음을 이기지 못하고 옹달샘 옆에서 쌕쌕 잠이 들고 말았답니다.

한편, 며칠이 지나도록 욕심쟁이 할아버지가 집으로 돌아오지 않자 욕심쟁이 할아버지네 집은 난리가 났습니다. 할아버지와 할머니도 소식을 듣고 걱정이 되었습니다. 그래서 할아버지와 할머니는 욕심쟁이 할아버지를 찾아 나서기로 했습니다.

할아버지와 할머니가 옹달샘에 점점 가까이 가자 어디선가 아이 울음소리가 들려왔습니다. 할아버지와 할머니가 옹달샘으로 가 보니 옹달샘 옆에 웬 갓난아기가 어른 옷 속에 파묻혀 울고 있었습니다.

"이 욕심쟁이 양반, 너무 많이 마셨구나. 쯧쯧쯧."

지혜로운 할머니는 단박에 그 아이가 욕심쟁이 할아버지라는 것을 알아차렸습니다.

"아이고, 이를 어쩌나?"

할아버지는 욕심쟁이 할아버지가 걱정되었습니다.

"우리가 키워요."

할머니가 말했습니다. 할아버지는 깜짝 놀라 눈을 크게 뜨고 할머니를 돌아보았습니다. 할머니는 흐뭇한 표정을 하고 있었습니다. 할아버지는 그제야 할머니의 뜻을 알고는 말없이 고개를 끄덕였습니다.

그렇게 젊은 할아버지 부부와 아기는 자신들의 재미있는 사연과 함께 오래오래 행복하게 살았다고 합니다. 🌰

아이의 생각을 키워 주는 하브루타 대화

- 나에게 파랑새는 어떤 의미인가요?
- 파랑새가 오기를 기다리고 있다면, 왜일까요?
- 젊은 시절을 이미 겪었는데 왜 다시 젊어지고 싶어 할까요?
- 자연의 섭리를 거스르면 어떤 일들이 일어날까요?
- 할아버지와 할머니는 왜 사람들에게 옹달샘 위치를 알려주지 않았을까요?
- 할머니는 왜 아기를 키울 결심을 했을까요?
- 아기를 키우는 할아버지 할머니의 행동에 문제는 없나요?
- 아기가 된 할아버지 집은 가족을 잃은 슬픔에 빠져 있지 않을까요?
- 사람들은 대부분 자기중심적으로 생각할까요?

 엄마와 같이 찾아보는 낱말!

샘물   옹달샘   이목구비

질문하는 아이, 궁금해졌어요!

-
-
-
-
-

Chapter
02

✦✦✦

거짓말 잘하는 아이

상상력이 좋은 아이들은 머릿속 생각을 있는 그대로 내뱉는다. 그러면 주변에선 무척 놀라거나 아이가 거짓말을 한다고 생각한다. 이럴 때 대다수 부모님은 아이를 잘못했다며 훈육하거나 심하면 과하게 제재를 가한다. 아이는 거짓말을 하려고 한 것이 아니고 그저 생각나는 대로 말을 했을 뿐인데 어느새 자신이 거짓말쟁이가 되어 있고 나쁜 아이가 되어 있는 것이다. 성장기 아이는 모두 그런 시기를 지나온다. 사실인지 거짓인지 구분이 안 되는 시기가 있다. 하지만 어쩌면 그때가 가장 창의성이 높을 수 있다는 사실을 놓치면 안 된다.

한편으로 거짓말을 잘한다는 것은 이야기를 잘 만들어 낸다는 것이고, 누군가가 깜빡 속을 정도로 논리적인 줄거리를 생각해 낸다는 것은 어쩌면 작가적 기질이 있다는 것을 반증하는 것이다. 그런데 부모들은 거짓말은 무조건 나쁜 것이고 거짓말을 계속 내버려 두면 남에게 피해를 주는 사람이 될 것이라는 정해진 시나리오에 적용시켜 과하게 체벌로 다스리거나 협박 수준의 훈육을 한다. 부모 태도에 아이는 자신이 거짓말쟁이고 나쁜 아이라는 생각으로 자존감에 심한 상처를 받는다.

이런 상황을 좀 더 다른 관점으로 대처하면 어떨까? 동화를 활용해서 자신이 하고 싶은 말을 그대로 말하도록 유도하면서 어떤 일이 일어나는지 사람들이 자신을 어떻게 생각할 수 있는지를 자연스럽게 깨닫게 하는 것이다. 가장 효과적이면서도 아이는 상처받지 않고 행동의 변화를 가져올 수 있다. 강요에 따른 행동 변화는 오래가지 않지만, 스스로 생각해서 변화하는 것은 가장 효과적이고 오래 유지가 된다. 단점을 더 큰 장점으로 승화시키고 싶다면 이야기를 만드는 작가적 기질을 키워 주는 것도 좋다.

"와, 우리 아들, 조앤 롤링이 『해리포터』를 쓴 것처럼 재미있는 소설을 쓸 수 있겠다. 이야기 하나씩 써 보면 어때? 엄마는 아들 이야기 듣고 있으면 너무 재미있거든."

이런 관점과 자세가 아이의 단점을 장점으로 승화시키는 지혜로운 부모가 되는 방법이다. 지혜로운 부모가 아이에게는 가장 훌륭한 부모가 된다.

.전래동화 읽기.
무서운 엽전

옛날 어느 마을에 농부가 살았습니다. 무더운 여름이라 마루에서 잠을 자는데, 덩치 큰 도깨비가 농부를 깨웠습니다.

"이보게, 심심해서 그러는데 나랑 씨름 한판 하세."

도깨비는 씨름을 하여 이기는 사람이 형이 되고, 지는 사람이 아우가 되자고 하였습니다.

농부는 벌벌 떨면서 그러자고 하였습니다.

드디어 씨름이 시작되었습니다. 도깨비가 농부를 번쩍 들어 넘어뜨리려고 할 때 농부가 손가락으로 하늘을 가리켰습니다. 갑자기 농부가 손가락을 들어 올리자 호기심 많은 도깨비는 손가락이 가리키는 곳을 바라보았습니다. 그 사이 농부는 **잽싸게** 도깨비를 넘어뜨렸습니다.

씨름에서 진 도깨비는 약속대로 농부의 동생이 되었습니다. 그

후로도 도깨비는 매일 밤 농부를 찾아와 씨름을 하자고 졸라댔습니다. 생각다 못한 농부가 도깨비에게 물었습니다.

"아우는 이 세상에서 무엇이 제일 무섭나?"

"우리 도깨비들은 짐승 피를 제일 무서워하지요. 형님은 무엇이 가장 무섭소?"

"나처럼 가난한 농부는 돈이 제일 무섭지."

다음 날 밤, 농부는 닭의 피를 얻어다 집 근처 여기저기에 뿌려 놓았습니다.

피를 본 도깨비가 화들짝 놀라 도망치며 말했습니다.

"감히 나를 골탕 먹이다니…"

그날 밤 도깨비는 농부네 집 마당에 엽전을 가득 부어 놓고 달아났습니다. 도깨비가 가져다준 돈으로 농부는 아주 큰 부자가 되었습니다.

아이의 생각을 키워 주는 하브루타 대화

- 심심할 때 가장 하고 싶은 것이 있다면 무엇인가요?
- 무더운 더위를 이겨 내려면 어떻게 하면 좋을까요?
- 씨름할 때 잡는 띠 이름은 무엇일까요?
- 씨름 장소는 어느 곳이 좋을까요?
- 씨름은 언제부터 시작한 것일까요?
- 반칙해서 이긴 승리는 어떻게 해야 할까요?
- 약속을 하고도 약속을 지키지 않는다면 어떻게 해야 할까요?
- 도깨비는 왜 짐승의 피를 무서워할까요?
- 농부의 행동은 어떻게 생각해야 하나요?
- 선의의 경쟁은 우리에게 어떤 영향을 줄까요?
- 도깨비는 왜 씨름을 하자고 했을까요?

 ### 엄마와 같이 찾아보는 낱말!

잽싸게   화들짝   골탕

질문하는 아이, 궁금해졌어요!

-
-
-
-
-

전래동화 읽기

힘센 농부

어느 깊고 깊은 산골 마을에 힘이 장사인 농부가 살고 있었습니다. 어찌나 힘이 센지 펄펄 날뛰는 성난 황소를 때려잡을 정도였습니다. 마을 사람들은 모두 농부를 부러워했습니다.

어느 날, 농부는 임금님에게 힘자랑을 하고 싶어 한양으로 떠났습니다.

한양으로 출발한 지 며칠째 되던 날이었습니다. 멀리서 하인을 앞세우고 걸어오는 선비의 모습이 보였습니다. 그런데 갑자기 도적 떼가 나타나 선비의 길을 가로막는 것이었습니다.

"봇짐 속에 있는 것을 모두 내놓아라. 안 그러면 목숨을 부지하기 어려울 것이다!"

도적 두목이 눈을 부릅뜨고 시퍼런 칼날을 이리저리 휘둘렀습니다. 선비는 눈 하나 깜짝하지 않았지만, 하인은 바들바들 떨며

괴나리봇짐을 내밀었습니다.

"가진 거라곤 이것밖에 없습니다요. 제발 목숨만 살려 주십시오."

나무 뒤에 숨어 있던 농부는 드디어 힘자랑을 할 기회가 왔다고 생각했습니다.

"이놈들, 뭐 하는 짓이냐! 당장 꺼지지 못할까?"

농부는 옆에 있는 소나무를 뽑아 들고 도적들을 향해 달려갔습니다. 놀란 도적들은 **꽁지**가 빠지도록 **줄행랑**을 놓았습니다.

농부는 선비에게 어깨를 으쓱해 보였습니다.

그런데 선비는 전혀 놀란 기색이 없이 말했습니다.

"여보시오, 그러다 당신보다 힘센 도적이라도 만나면 어쩌려고 그러시오?"

"허허허, 선비님, 아직 나보다 힘센 사람을 보지 못했으니 걱정 마십시오."

그때였습니다. 선비가 옆에 있던 커다란 바위를 번쩍 들어 올렸습니다. 농부는 도저히 믿을 수 없어서 눈만 깜빡거렸습니다.

"당신도 이 바위를 들어 보겠소?"

농부는 그까짓 것쯤이야 하는 마음에 바위를 번쩍 들으려 했지만, 꿈쩍도 하지 않았습니다. 농부는 괜히 선비 앞에서 힘자랑한 것이 부끄러워 고개를 들지 못했답니다.

아이의 생각을 키워 주는 하브루타 대화

- 어떻게 하면 힘이 장사가 될까요?
- 힘이 센 친구를 부러워한 적이 있나요?
- 나보다 힘이 약한 친구를 도와준 적이 있나요?
- 나쁜 사람이 갑자기 나타나 내 물건을 달라고 한다면 어떻게 해야 할까요?
- 큰소리치다 오히려 창피를 당한 일이 있나요?
- 선비는 왜 처음부터 도적 앞에 나서지 않았을까요?
- 힘이 센 친구는 힘을 어떻게 써야 할까요?
- 힘이 센 친구가 나를 도와준다면 어떤 생각이 들까요?
- 겸손한 행동은 어떤 행동일까요?
- 자랑이 지나치면 옆에 있는 사람들이 어떻게 생각할까요?

 엄마와 같이 찾아보는 낱말!

괴나리봇짐   꽁지   줄행랑

질문하는 아이, 궁금해졌어요!

-
-
-
-
-

.전래동화 읽기.

금도끼 은도끼

　아주 오랜 옛날 과일나무와 사시사철 푸른 소나무가 어우러진 어느 마을에 늙은 어머니를 모시고 사는 부지런한 나무꾼이 있었습니다.

　나무꾼은 첫닭이 울기 전에 일어나 아픈 어머니를 위해 가마솥에 밥을 지었습니다. **고슬고슬** 맛있는 쌀밥이 뜸이 들 동안, 나무꾼은 따뜻한 물로 어머니의 얼굴과 손발을 **정성스럽게** 씻겨 드렸습니다.

　"네가 나 때문에 고생이 많구나."

　"아니에요, 어머니. 오늘은 나무를 많이 해서 저녁에 고깃국을 끓여 드릴게요."

　나무꾼은 어머니의 아침상을 차려 놓고 서둘러 지게를 지고 집을 나섰습니다.

"아직 해도 뜨지 않았는데 어디 가니?"

옆집에 사는 게으름뱅이 나무꾼이 하품을 하며 말했습니다.

"나무하러 가네."

"그깟 나무 팔아 봤자 부자도 못 되는데 매일 갈 필요가 있나? 차라리 나처럼 노는 게 낫지."

부지런한 나무꾼은 이른 아침에 산에 올라 이름 모를 새의 노랫소리를 듣고, 이슬에 젖은 예쁜 들꽃을 보는 것이 참 좋았습니다. 나무꾼은 콧노래를 흥얼거리며 땔감으로 쓸 나무들을 도끼로 쿵쿵 찍어서 부지런히 지게에 얹었습니다.

지게가 돌덩이처럼 무거워지자 나무꾼은 마냥 기분이 좋아졌습니다. 나무를 많이 하면 어머니께 고깃국을 끓여드릴 수 있다는 생각에 어깨에 진 지게도 솜털처럼 가볍게 느껴졌습니다.

쿵! 쿵! 쿵!

나무꾼의 도끼질 소리가 온 산에 퍼졌습니다.

한 아름이 넘는 나무에 도끼질을 하던 나무꾼은 이마에서 흘러내리는 땀을 닦았습니다.

"으샤!"

다시 도끼를 들어 올리는 순간 손에서 도끼가 미끄러지면서 연못에 빠지고 말았습니다.

"아이고, 이를 어째, 아이고 내 도끼!"

나무꾼의 눈에 눈물이 고였습니다. 땅바닥에 주저앉은 나무꾼은 엉엉 울었습니다.

그때 연못 위로 산신령이 나타났습니다. 나무꾼은 깜짝 놀라 두 눈을 질끈 감고 온몸을 벌벌 떨었습니다.

"무슨 일로 그리 우는 게냐?"

"연못에 도끼를 빠뜨렸습니다."

"도끼를 빠뜨렸다니 내가 찾아 주지."

연못 속으로 들어간 산신령은 잠시 후에 다시 나타났습니다.

"네가 찾는 도끼가 이 금도끼냐?"

"아닙니다. 그 도끼는 제 것이 아닙니다."

산신령은 다시 연못 속으로 들어가더니 은도끼를 들고 나타났습니다.

"그럼, 이 은도끼가 네 도끼냐?"

"아, 아닙니다. 제 도끼는 **낡아서** 빛이 나지 않습니다."

"그럼, 이 쇠도끼가 네 도끼냐?"

"맞습니다. 낡고 이 빠진 쇠도끼가 제 도끼입니다."

"자, 이 도끼들을 받아라."

산신령은 금도끼, 은도끼, 쇠도끼를 모두 내밀었습니다.

"네? 이 도끼들을 모두 제게 준다고요?"

"너의 정직하고 착한 마음을 보고 주는 것이니 이것으로 어머니를 잘 모시거라."

다음 날, 산신령에게 금도끼와 은도끼를 얻어 큰 부자가 되었다는 나무꾼의 이야기가 온 마을에 퍼졌습니다. 옆집 게으름뱅이 나무꾼은 **심술**이 나서 견딜 수 없었습니다.

'아이고, 배야! 나도 나무하러 따라갈걸.'

게으름뱅이 나무꾼은 헛간에 던져 둔 녹슨 도끼와 지게를 챙겨 부리나케 산으로 달려갔습니다.

연못을 찾은 게으름뱅이 나무꾼은 나무를 할 생각은 않고 연못 속에 도끼를 힘껏 던졌습니다. 그러고는 큰 소리로 울기 시작했습니다.

"아이고, 내 도끼! 아까워서 어쩌나. 우린 이제 뭘 먹고 사나?"

잠시 뒤 연못에서 산신령이 나타났습니다.

"무슨 일로 연못 앞에서 울고 있느냐?"

"아주 귀한 도끼를 연못에 빠뜨렸습니다."

"도끼를 빠뜨렸다니 내가 찾아 주지."

산신령은 연못 속으로 들어갔습니다.

'조금만 있으면 나도 금도끼와 은도끼로 부자가 된다.'

게으름뱅이 나무꾼은 신이 나서 폴짝폴짝 뛰며 산신령이 나타나기를 기다렸습니다.

잠시 뒤 연못에서 나온 산신령의 손에 금도끼가 들려 있었습니다.

"이 도끼가 네 것이냐?"

"네, 맞습니다. 그 금도끼가 틀림없습니다."

"네가 연못에 빠뜨린 도끼가 이 금도끼냐? 만약 거짓말을 한다면 큰 벌을 내릴 것이다."

　게으름뱅이 나무꾼은 우물쭈물 망설이며 산신령의 눈치를 살폈습니다.

　"사실은 금도끼만 빠뜨린 것이 아니라 은도끼도 빠뜨렸습니다. 은도끼까지 찾아 주십시오."

　"네 이놈! 어디서 거짓말을 하는 게냐!"

　산신령의 호통이 떨어지자마자 게으름뱅이 나무꾼은 **짚신**이 벗겨지는 줄도 모르고 도망을 갔답니다.

아이의 생각을 키워 주는 하브루타 대화

- 사시사철 푸른 나무에는 어떤 나무들이 있을까요?
- 첫닭이 우는 시각은 몇 시 정도일까요?
- 누군가 얼굴과 손발을 정성스럽게 씻어 준다면 기분이 어떨까요?
- 부지런한 사람과 게으른 사람의 차이는 무엇일까요?
- 기분이 좋으면 왜 콧노래가 나올까요?
- 마음이 솜털처럼 가볍다는 것은 어떤 것일까요?
- 하나밖에 없는 소중한 것을 잃어버렸다면 마음이 어떨까요?
- 나무꾼은 금도끼를 갖고 싶은 마음이 없었을까요?
- 대가를 바라고 하는 행동은 어떤 결과를 가져올까요?
- 거짓말을 자주 하는 친구를 보면 어떤 생각이 들까요?

 엄마와 같이 찾아보는 낱말!

고슬고슬   정성스럽게   낡아서   심술   짚신

질문하는 아이, 궁금해졌어요!

-
-
-
-
-

．전래동화 읽기．

용궁에 간 토끼

아주 먼 옛날이었습니다. 바닷속 **용궁**에 사는 **용왕**님이 큰병이 들었습니다. 의원은 용왕님을 진찰하더니 육지에 사는 토끼의 간을 먹으면 낫는다고 말했습니다.

용왕님은 신하들에게 물었습니다.

"누가 육지로 나가 토끼의 간을 구해 오겠느냐?"

그 많은 신하 중 아무도 입을 열지 않았습니다. 한참 뒤 문어 대신이 나섰습니다.

"용왕님, 저희들은 모두 뭍에 나가면 죽습니다. 하지만 거북은 육지도 다닐 수 있으니 그를 보내십시오."

용왕님은 그 말이 옳다고 여겨 거북을 불렀습니다.

"거북아, 네가 육지로 나가 토끼를 데려 오너라."

"예, 용왕님! 제가 다녀오겠습니다."

대답은 했지만, 거북은 토끼를 본 적이 한 번도 없었습니다. 거북이 물었습니다.

"용왕님, 그런데 토끼는 어떻게 생긴 동물입니까?"

용왕님은 용궁의 화가를 시켜 토끼의 그림을 그렸습니다. 거북은 <mark>초상</mark>을 받아들고 용궁을 나섰습니다.

육지에 도착한 거북은 엉금엉금 기어 다니며 토끼를 찾아다녔습니다.

"아이고, 오랜만에 <mark>육지</mark>에 올라왔더니 힘들다! 어딜 가면 토끼를 찾을 수 있을까?"

한참 기어 다니던 거북은 잠시 앉아서 쉬기로 했습니다.

그때였습니다. 산속에서 웬 동물이 나타나더니 거북이 있는 쪽으로 폴짝폴짝 뛰어왔습니다. 쫑긋 선 두 귀는 무척이나 크고, 새빨간 두 눈에, 온 몸이 흰 털로 덮여 있었습니다. 용궁 화가가 그려준 초상화와 똑같았습니다.

"옳지, 저 녀석이 바로 토끼구나."

거북은 등딱지 안에 재빨리 머리와 다리를 숨겼습니다. 토끼는 아무것도 모르고 거북이 곁으로 왔습니다.

"어, 여기 못 보던 바위가 있네. 잠시 쉬어갈까?"

토끼가 거북 등 위에 앉았습니다. 그때 거북이 머리를 내밀어 말했습니다.

"너는 누구인데, 내 등에 앉는 거냐?"

토끼는 깜짝 놀랐습니다.

"어, 바위가 아니었잖아! 나는 토끼라고 해. 그러면, 너는 누구니?"

"나는 용궁에서 온 거북이야, 네가 그 유명한 토끼구나!"

거북의 칭찬에 토끼는 기분이 좋아졌습니다.

"바닷속 용궁 말이야? 그런데 내가 왜 유명하단 거야?"

거북은 또 토끼를 칭찬했습니다.

"응, 네 재주가 아주 많다고 용궁에 소문이 자자해. 우리 용왕님께서도 너의 재주를 보고 싶어 하신단다. 나랑 같이 용궁에 가지 않을래? 용궁에 가면 신기한 것도 많고, 용왕님께서 보물도 많이 주실 거야."

거북의 말에 토끼는 용궁에 가 보고 싶었습니다.

"그럼, 어디 용궁 구경 한 번 가 볼까? 그런데, 어쩌지? 나는 헤엄을 칠 줄 모르는데."

거북이 자기 등을 가리키며 빙그레 웃었습니다.

"걱정 마, 내 등에 올라타기만 하면 돼."

거북은 토끼를 태우고 바닷속으로 들어갔습니다. 토끼는 처음

보는 바닷속이 너무 신기해 정신없이 사방을 둘러보았습니다. 그러는 사이 용궁에 도착했습니다.

"용왕님, 토끼를 잡아 왔습니다."

용왕님 앞으로 나아간 거북이 자랑스럽게 말했습니다. 옆에 있던 토끼가 깜짝 놀라 물었습니다.

"무슨 소리야, 나를 잡아 오다니."

용왕님이 안됐다는 듯 말했습니다.

"내가 큰병이 들어 죽게 되었다. 의원 말이 토끼의 간을 먹으면 낫는다고 하는구나. 미안하지만 네 간을 내주어야겠다."

이 말을 들은 토끼는 그제야 자기가 속은 것을 알았습니다. 간을 달라고 하는 것은 죽으라는 소리니까요. 이대로 죽을 수 없었던 토끼는 꾀를 냈습니다.

"아니, 그게 정말이에요? 이런 바보 같은 거북아, 진작 이야기를 하지. 저는 한 달에 한 번, 간을 꺼내 맑은 물에 씻어요. 그런데 바로 어제 간을 씻어서 바위 밑에 놓아두었지 뭐예요? 미리 알려 주었으면, 가져왔을 텐데. 저는 원래 간이 없어도 살 수 있거든요. 제가 육지에 다시 가서 가져올게요."

순진한 용왕님은 토끼의 말을 그대로 믿었습니다.

"그게 정말이냐? 어서 거북과 같이 다녀오너라."

토끼는 거북의 등을 타고 육지로 다시 나왔습니다.

"간을 숨겨 둔 바위가 어디야?"

거북이 묻자 토끼가 깔깔대고 웃었습니다.

"야, 이 바보 같은 놈아. 세상에 간을 빼 놓고 다니는 짐승이 어디 있냐? 네가 찾는 간은 내 배 속에 있다."

토끼는 휘파람을 불며 산 위로 뛰어 올라갔습니다. 거북은 멍하니 토끼의 모습을 보다가 용궁으로 돌아갔습니다.

토끼는 죽다 살아난 것이 너무 기뻤습니다.

"죽은 토끼 간다. 산 토끼 간다."

신나게 노래까지 부르며 폴짝폴짝 뛰어갔습니다. 그러다가 그만, 나무꾼이 만들어 놓은 덫에 걸리고 말았습니다. 아무리 애를 써도 덫에서 벗어날 수 없었습니다. 그때 나무꾼이 오는 소리가 들렸습니다. 토끼는 얼른 방귀를 붕붕 뀌고는 죽은 척 꼼짝도 하지 않았습니다.

나무꾼은 토끼를 덫에서 빼 냄새를 맡아 보더니 중얼거렸습니다.

"에이, 죽은 지 오래됐나 보다. 썩은 냄새가 나잖아."

나무꾼은 토끼를 팽개치고 갔습니다. 토끼는 또 죽을 고비를 넘겼습니다.

토끼는 신이 나서 폴짝폴짝 뛰며 노래를 불렀습니다.

"죽은 토끼 간다. 산 토끼 간다."

이때 갑자기 무언가 토끼를 홱 낚아채 하늘로 끌고 올라갔습니다. 독수리한테 잡힌 것이지요. 토끼는 또 꾀를 냈습니다.

"아이고, 죽는 것은 아깝지 않다만, 요술 주머니를 못 쓰게 된

게 너무 아깝구나."

토끼가 혼잣말인 척 중얼거리자, 독수리는 그게 무슨 말인지 궁금해졌습니다.

"요술 주머니라니, 그게 무엇이냐?"

"요술 주머니는 내가 용궁에 갔다 얻어 온 보물이에요. 말만 하면 그 안에서 갖고 싶은 것들이 다 나오지요."

욕심쟁이 독수리는 그 주머니가 탐났습니다.

"그래, 넌 이미 죽을 테니, 그 주머니를 내놓거라."

토끼는 순순히 대답했습니다.

"그래요, 나는 어차피 죽을 목숨이니 드릴게요. 그럼 우리 집으로 가요."

독수리는 토끼가 알려 준 대로 토끼의 집으로 날아갔습니다. 그렇게 독수리는 한 발로 토끼를 꽉 움켜쥐고 토끼를 굴속에 밀어 넣었습니다.

토끼는 굴속에 들어가 외쳤습니다.

"아, 아직 안 닿아요. 조금만 더 안으로요."

독수리는 조금 더 밀어 주었습니다.

"조금만 더."

이렇게 몇 번이나 하니 토끼는 조금씩 굴 안으로 들어갔습니다. 그러다가 발이 더 이상 닿지 않는 곳에 이르러 그만 토끼를 놓치고 말았습니다.

토끼는 굴속으로 도망치면서 약을 올렸습니다.

"여기 요술 주머니 받아라."

그러고는 독수리를 향해 방귀를 뽕 뀌었습니다. 꾀돌이 토끼는 이렇게 또 목숨을 건졌답니다.

아이의 생각을 키워 주는 하브루타 대화

- 토끼의 간을 먹으면 낫는다는 것은 무슨 뜻일까요?
- 문어가 뭍에 나가면 죽는다고 한 이유는 무엇인가요?
- 사진 찍기를 좋아하나요?
- 어떤 동물을 가장 좋아하나요?
- 토끼처럼 칭찬을 받으면 기분이 어때요?
- 거북이가 토끼를 데려가기 위해 거짓말을 한 행동에 대해 어떻게 생각하나요?
- 거북이한테 속은 토끼는 어떤 생각이 들까요?
- 친구의 거짓말에 속은 적이 있나요?
- 토끼가 위험에서 벗어나기 위해 거짓말을 한 행동을 어떻게 생각하나요?
- 위험한 순간을 여러 번 넘긴 토끼의 모습에서 무슨 생각이 드나요?

 엄마와 같이 찾아보는 낱말!

용궁　　용왕　　초상　　육지

질문하는 아이, 궁금해졌어요!

-
-
-
-
-

 부부가 함께하는 하브루타 대화

- 토끼의 간이 어떻게 용왕의 병에 좋을까요?
- 누군가를 도와주기 위해 용기를 낸 적이 있나요?
- 내가 아플 때 자녀가 어떤 행동을 하기를 바라나요?
- 많은 사람이 몸에 좋다는 동물 일부분을 섭취하는 것에 대해 어떻게 생각하나요?
- 토끼의 행동처럼, 살면서 지혜가 필요한데 내게 그런 지혜가 있나요?
- 좋은 일 뒤에 바로 나쁜 일이 일어난 적은 없는가요?
- 누군가의 도움을 간절히 바란 적이 있었다면 어떤 일이었나요?
- 힘들 때 생각나는 사람이 있다면 누구인가요?
- 어려운 상황마다 도움의 손길이 있다면 어떨까요?

전래동화 읽기

선녀와 나무꾼

아주 옛날 한 마을에 나무꾼이 홀어머니를 모시고 살고 있었습니다. 어느 날 나무꾼이 부지런히 나무를 베고 있는데, 사냥꾼에게 쫓기던 사슴 한 마리가 달려와서는 살려 달라고 **애원**했습니다. 나무꾼은 쌓아 놓은 나뭇더미 속에 사슴을 숨겨서 사냥꾼으로부터 구해 주었습니다.

무사히 살아난 사슴은 나무꾼에게 산을 돌아 나가면 하늘의 선녀들이 멱을 감는 연못이 있다고 귀띔해 주며, 선녀들이 멱감는 틈을 타서 그중 한 선녀의 날개 옷을 감추라고 말했습니다. 하늘로 올라가지 못한 선녀를 집으로 데려와 보살피면 이내 아내가 될 거라고 했습니다. 그런데 둘이 결혼해서 세 아이를 낳기 전까지는 날개 옷을 깊이 감추고 절대로 보여주지 말라고 했습니다.

나무꾼은 연못을 찾아가서 사슴이 일러준 대로 했고, 날개옷을 도둑맞은 막내 선녀를 제 집으로 데리고 와서 아내로 삼았습니다. 그리고 나무꾼은 선녀와 삼 년 동안 살며 두 아이를 얻었습니다. 아내는 이제 아이를 둘이나 두었으니 제발 날개옷을 보여 달라고 했고, 날개옷을 보여주자 아내는 날개옷을 날쌔게 입더니 두 아이의 손을 잡고는 훨훨 날아서 하늘로 올라가 버렸습니다. 혼자 내버려진 나무꾼에게 사슴이 찾아왔습니다. 사슴은 연못을 다시 찾아가면 하늘에서 두레박이 내려올 것이라고 말했습니다.

나무꾼은 연못으로 가서 두레박을 타고 하늘로 올라가서 아내와 아이들을 다시 만났습니다. 그렇지만 나무꾼은 어머니가 걱정이 되어 다시 지상으로 내려가고자 했습니다. 아내는 천마 한 마리를 내주면서 타고 가서 어머니를 만나되, 무슨 일이 있어도 말에서 내려 땅을 밟지 말라고 했습니다.

나무꾼은 천마를 타고 지상에 내려와서 어머니를 만났습니다. 어머니는 아들이 좋아하는 팥죽을 끓여 주었고, 아들은 팥죽이 너무 뜨거운 탓에 먹다가 그만 말의 등에 흘리고 말았습니다. 그러자 말이 기겁하고 뛰는 바람에 나무꾼은 땅바닥에 떨어지고 천마는 하늘로 올라가 버리고 말았습니다. 다시는 하늘로 못 가게 된 나무꾼은 그 자리에서 닭이 되었다고 합니다. 그래서 닭이 아침마다 하늘을 향해 울부짖듯이 우는 것입니다.

아이의 생각을 키워 주는 하브루타 대화

- 모르는 사람이 도와 달라고 하면 어떻게 할까요?
- 누가 남의 물건을 훔치라고 시키면 어떻게 할까요?
- 나무꾼은 사슴과의 약속을 왜 지키지 못했나요?
- 선녀는 하늘에 올라가는 것에 대해 왜 아이들에게 묻지 않았을까요?
- 사슴이 시키는 대로 하는 나무꾼에 대해 어떻게 생각하나요?
- 하늘로 올라간 나무꾼은 왜 어머니가 걱정이 되었을까요?
- 하늘에서 내려온 아들을 만난 어머니의 마음은 어땠을까요?
- 엄마가 해주는 요리 중 가장 좋아하는 음식은 무엇인가요?
- 하늘로 올라가지 못하고 닭이 된 아들을 보는 어머니의 마음은 어떨까요?
- 매일 아침마다 하늘을 향해 울부짖는 닭의 마음은 어떨까요?

 엄마와 같이 찾아보는 낱말!

애원   내버려진   두레박   기겁

질문하는 아이, 궁금해졌어요!

-
-
-
-
-

 부부가 함께하는 하브루타 대화

- 사냥꾼하고 사슴은 어떻게 생각을 주고받았을까요?
- 말하지 않고도 대화하는 방법은 무엇일까요?
- 선녀 옷을 감추라고 가르쳐 준 사슴의 행동은 어떤가요?
- 사슴이 시킨 대로 한 나무꾼은 어떤 생각이었을까요?
- 아이 둘을 낳을 때까지 옷을 주지 않을 수가 있을까요?
- 선녀는 아이들에게 어떤 말을 하고 하늘로 올라갔을까요?
- 어머니를 두고 올라간 나무꾼의 마음은 어떠했을까요?
- 어머니를 걱정하는 아들은 효자일까요?
- 가족 모두가 함께 살아갈 방법은 없었을까요?
- 가족을 보고 싶어 하는 나무꾼의 마음은 얼마나 슬플까요?

Chapter
03
✦✦✦

어른에게 버릇없는 아이

김금선의 여는 이야기

버릇없어 보이는 아이들이 가진 특성은 자기가 하고 싶은 말을 참지 못하고 강하게 주장하거나 우기거나 나아가 태도가 불량하다는 점이다. 이런 모습을 보면 어른들은 화가 나고 괘씸한 마음에 아이를 비난하거나 못된 아이라는 선입견을 가진다. 물론 크게 잘못된 행동을 계속하면 당연히 대화로 풀어가야 하고, 몰라서 한 행동에 대해서는 이해시키고 설명해야 한다. 그런데 조금 자세히 들여다보면 아이도 무엇인가 하고 싶은 말이 있는데 다들 들어주는 분위기가 아니거나 답답할 때 거친 행동이나 표현을 한다.

아이가 왜 함부로 행동하는지, 거친 표현을 쓰는지 이유를 물어보고자 하는 자세로 한 번만 더 생각하고 소통한다면 세상에 버릇없는 아이는 없을 것이다. 유대인들이 어려서부터 충분한 대화로 가정문화를 이어 온 결과, 자녀들은 도덕적인 판단 기준이 높았고 그것이 결국 인성 좋은 아이로 성장했다. 세상의 모든 아이는 잘 성장할 수 있는 잠재력이 있다. 부모가 어떤 안내자와 길잡이가 되느냐에 따라 아이 미래는 달라진다. 아이를 비난하기 전에 부모의 양육 방식이 옳지 않았다는 것을 알게 될 것이다.

책을 통해 아이의 기초학습체력과 인성도 키워 주고 부모 자신도 독서 토론 전문가가 되기를 바란다. 가장 효과적인 양육이란 어떤 것인지를 유대인들이 검증해 보여 주었다는 사실을 기억하자. 어른들도 완성된 사람들이 아니다. 책을 통해 끊임없이 간접체험하면서 자신을 성장시키는 지적 활동을 계속해야 한다. 그러면 아이들이 잘 따라오는 건 당연한 일이다. 책을 통해 토론하며 인성을 스스로 키워 가는 아이로 이끌어야 한다.

.전래동화 읽기.
짧아진 바지

　어느 마을에 아주 넓은 논을 가진 부자와 세 딸이 살고 있었습니다. 세 딸은 정성을 다해 아버지를 모셨기 때문에 부자는 늘 마음이 뿌듯했습니다.
　그러나 세 딸에게는 꿍꿍이셈이 있었습니다. 아버지에게 잘 보여 재산을 더 많이 물려받겠다는 욕심이었습니다.
　부자는 그것도 모른 채 동네방네 딸들 자랑을 하고 다녔습니다. 하지만 마을 사람들은 이웃마을에 사는 선비의 세 딸들이 더 효성이 **지극**하다고 칭찬하였습니다.
　선비의 세 딸이 보고 싶었던 부자는 선비네 집을 찾아갔습니다. 그런데 **반듯**하기로 소문이 자자한 선비가 무릎이 훤히 드러나는 바지를 입고 있는 게 아니겠습니까!
　"이게 어찌 된 일이십니까? 더운 여름이라지만 선비가 짧은 바지를 입다니요."

"허허, 그만한 사정이 있습니다."

선비는 껄껄 웃으며 바지가 짧아진 사정을 이야기했습니다.

며칠 전, 먼 친척에게 삼베 바지를 선물로 받았는데 한 뼘이나 길었습니다. 그래서 선비는 세 딸에게 말했습니다.

"애들아, 바지가 너무 길구나. 내일 아침까지 한 뼘만 줄여다오."

이튿날, 선비가 바지를 입어 보니 무릎까지 껑충 올라오는 것이었습니다. 화가 난 선비는 당장 세 딸을 불렀습니다. 먼저 큰딸이 말했습니다.

"아버지, 저는 어젯밤에 분명히 한 뼘만 줄였습니다."

옆에 있던 둘째 딸이 깜짝 놀라 말했습니다.

"저는 그것도 모르고 오늘 새벽에 일어나 한 뼘을 줄였습니다."

막내딸은 눈물이 그렁그렁 맺혀 말했습니다.

"어쩌죠? 언니들이 줄인 것도 모르고 저도 오늘 아침에 한 뼘을 줄였습니다."

선비의 이야기를 들은 부자는 자신의 세 딸에게도 똑같은 일을 시켜 보기로 마음먹었습니다.

집으로 돌아온 부자는 딸들에게 말했습니다.

"얘들아, 이 바지를 내일까지 한 뼘만 줄여다오."

"네, 아버지."

이튿날, 부자는 바지가 분명히 짧아졌을 거라고 생각하고 입어 보았습니다.

그런데 바지 길이가 그대로였습니다. 부자는 세 딸을 불러 물었습니다.

먼저 첫째 딸이 대답했습니다.

"저는 지난밤에 둘째가 줄일 줄 알고 너무 피곤해서 그냥 잤습니다."

둘째 딸이 펄쩍 뛰며 말했습니다.

"그게 무슨 말이야? 그런 일은 막내가 알아서 해야지."

막내는 단단히 화가 나 소리쳤습니다.

"뭐라고? 난 아직 바느질도 제대로 못한다고."

세 딸은 **옥신각신** 싸움을 벌였습니다. 이를 지켜보던 부자는 땅이 꺼져라 한숨만 내쉬었답니다.

아이의 생각을 키워 주는 하브루타 대화

- 부자의 세 딸은 어쩌다가 한결같이 효도를 하지 않은 딸들이 되었을까요?
- 자식 자랑을 하는 부모님은 어떤 마음으로 하는 것일까요?
- 선비는 어떤 사람을 말할까요?
- 삼베옷을 본 적이 있나요?
- 옷이 짧아진 것을 모르고 계속 줄였으면 관찰력이 없는 것이 아닐까요?
- 옷이 불편한 적은 없나요?
- 가장 좋아하는 옷은 무엇인가요?
- 부자는 서로에게 미루고 잠을 잔 딸들을 보면서 어떤 생각이 들었을까요?
- 내가 할 일을 누군가에게 미룬 적이 있었나요?
- 욕심만 부리는 부모를 보면서 딸들은 무엇을 배웠을까요?

 엄마와 같이 찾아보는 낱말!

지극   반듯   옥신각신

질문하는 아이, 궁금해졌어요!

-
-
-
-
-

전래동화 읽기

백두산 장생초

옛날 아주 오랜 옛날, 백두산 아래 외딴집에서 어머니와 아들이 살았습니다.

아들은 산에서 나무를 해다 팔거나, 마을로 내려가 남의 일을 해주고 받은 품삯으로 어머니를 모시며 근근이 살아갔습니다.

어머니는 몸이 아파서 자리에 누워 지내시는 날이 많았습니다. 아들은 가난했지만 어머니를 정성껏 모셨습니다.

"어머니, 죽이라도 좀 드십시오."

"아니다, 나는 괜찮으니 너나 더 먹어라."

어머니는 비록 아파서 자리에 누웠지만, 아들을 위하는 마음은 **한결**같았습니다.

하지만 어머니의 병이 점점 깊어지자 아들은 어머니의 병을 낫게 하는 좋은 약을 구하기 위하여 마을에서 가장 지혜로운 할머니를 찾아갔습니다.

"할머니, 어머니의 병을 낫게 하는 약을 알려 주십시오."

"글쎄, 백두산 깊은 산골짜기에 가면 '장생초'라는 약초가 있다는 말을 들었네."

"백두산에 있는 장생초?"

아들은 어머니의 병을 낫게 하는 약초가 있다는 말에 뛸 듯이 기뻤습니다.

"젊은이, 하지만 그 높고 험하기로 유명한 백두산을 어떻게 올라간단 말이오."

"할머니, 전 괜찮습니다. 어머니의 병을 낫게만 할 수 있다면 어디든 못 가겠습니까?"

아들은 백두산을 향해 곧바로 길을 떠났습니다.

백두산은 할머니의 말대로 아주 높고 험한 산이었습니다. 아들은 장생초를 찾기 위해 골짜기를 누비고 다녔지만, 도저히 찾을 수가 없었습니다.

'도대체 장생초는 어디에 있는 걸까?'

하루 종일 험한 골짜기를 오르내렸던 아들은 지쳐서 그 자리에 털썩 주저앉았습니다.

'지금쯤 어머니는 어떻게 지내실까? 혹시 병이 더 깊어지지는

않았겠지?'

어머니를 걱정하는 아들의 눈에서 어느새 눈물이 흘러내렸습니다.

그때 **호호백발** 할머니가 아들 곁으로 다가왔습니다.

"젊은이, 백두산에는 무엇 하러 왔나?"

아들은 깜짝 놀랐지만, 할머니 앞에 무릎을 꿇고 백두산으로 장생초를 구하러 온 사연을 침착하게 말씀드렸습니다.

"장생초를 찾으러 왔다고?"

"네, 할머니. 혹시 장생초가 있는 곳을 아시나요?"

"젊은이, 나는 오랫동안 백두산에 살았지만 장생초라는 것은 못 보았네."

할머니의 말을 들은 아들은 힘이 다 빠져나가는 듯하였습니다.

"힘들게 여기까지 왔는데 안되었구먼. 젊은이, 한 가지 부탁할 것이 있는데 들어주겠나?"

"비록 장생초는 구하지 못하였지만, 할머니의 부탁은 들어드리겠습니다."

"정말 고맙네, 젊은이. 이 씨앗을 산꼭대기까지 가져가서 뿌려주게나. 나는 늙고 힘이 없어서 산꼭대기에 올라갈 수가 없어서 그런다네."

아들은 지치고 힘이 들었지만, 할머니의 부탁을 거절할 수가 없었습니다. 왜냐하면 할머니가 자신의 어머니 같았기 때문입니다.

아들은 **돌부리**에 걸려 넘어지기도 하고, 낙엽을 밟아 미끄러지기도 하면서 부지런히 산꼭대기로 향하였습니다.

겨우 산꼭대기에 올라온 아들은 여기저기에 골고루 씨앗을 뿌렸습니다. 그러자 눈 깜짝할 사이에 산과 골짜기에 어린 싹이 돋아나기 시작하였습니다. 그리고 어린 싹이 이내 가지를 뻗더니 가지마다 열매가 맺었습니다.

"내가 지금 꿈을 꾸고 있는 것은 아니겠지?"

눈앞에서 벌어지는 일을 보고 놀란 아들은 정신을 잃고 쓰러졌습니다.

"젊은이, 눈 좀 떠 보게."

씨앗을 준 할머니가 다시 나타나 아들을 깨웠습니다.

"앗!"

"젊은이, 이게 바로 장생초라네. 어서 가서 어머니의 병을 낫게 해드리게."

"할머니, 정말 고맙습니다! 이 은혜는 평생 잊지 않겠습니다."

정신을 차린 아들은 할머니가 준 장생초를 가지고 급히 집으로 돌아왔습니다.

장생초를 먹고 병이 나은 어머니는 아들과 함께 행복하게 오래오래 살았답니다. 🌰

아이의 생각을 키워 주는 하브루타 대화

- 어머니와 아들은 왜 외딴집에 살았을까요?
- 가장 지혜로운 할머니라고 하는 이유가 있을까요?
- 병든 어머니에게 효도하는 아들은 어떤 사람일까요?
- 효도란 무엇일까요?
- 장생초만 먹으면 모든 병이 나을까요?
- 착한 일을 하면 좋은 일이 생긴다는 것을 믿나요?
- 착한 일을 했는데 좋은 일이 생기지 않으면 실망이 클까요?
- 좋은 일을 기대하면서 착한 일을 한다면 진짜 착한 일일까요?
- 내가 할 수 있는 효도가 있다면 무엇일까요?
- 부모가 자식에게 바라는 것은 무엇일까요?

 엄마와 같이 찾아보는 낱말!

한결같다   호호백발   돌부리

질문하는 아이, 궁금해졌어요!

-
-
-
-
-

.전래동화 읽기.

호랑이를 잡은 반쪽이

아주 먼 옛날, 어느 고을에 삼 형제가 살았습니다. 첫째와 둘째는 잘생기고 건강하였지만, 셋째는 얼굴도 반쪽, 몸도 반쪽, 다리도 하나밖에 없는 반쪽이었습니다. 그래서 부모님은 셋째를 반쪽이라고 불렀습니다.

어느덧 세월이 흘러 삼 형제는 무럭무럭 자랐습니다. 반쪽이는 비록 몸이 반쪽이었지만, 두 형보다 힘도 더 세고 마음씨도 착해서 부모님과 마을 사람들의 사랑을 받았습니다.

그러던 어느 날, 마을에 호랑이가 나타나서 소와 돼지를 잡아갔습니다.

"으악, 호, 호랑이가 나타났다!"

호랑이가 수시로 마을에 나타나서 소와 돼지를 잡아가자 마을 사람들은 **불안에 떨었습니다**.

"어제는 김 서방네 소를 물어 갔다지?"

"그렇다는군. 아무래도 호랑이를 피해 다른 마을로 이사를 가야겠어."

마을 사람들은 모이기만 하면 호랑이 이야기를 하였습니다. 그러자 고을 원님은 "호랑이를 잡는 사람에게 큰 상을 주겠다"라는 방을 붙였습니다.

방을 보고 집으로 돌아온 첫째가 아버지에게 말하였습니다.

"아버지, 제가 가서 호랑이를 잡아 오겠습니다."

"안 된다. 호랑이가 얼마나 사나운데 네가 가서 잡아 오겠다는 거냐? 그냥 집에 있어라."

첫째 형은 말리는 아버지를 뒤로하고 호랑이를 잡으러 산속으로 들어갔습니다.

하지만 며칠이 지나도 첫째 형이 돌아오지 않자 부모님은 몹시 걱정을 하였습니다.

"후유, 도대체 첫째는 언제 돌아온단 말이냐."

"아버지, 제가 가서 형님도 찾고 호랑이도 잡아 오겠습니다."

둘째 형도 호랑이를 잡으러 길을 떠났습니다. 그러자 반쪽이도 둘째 형을 따라나섰습니다.

"형, 나도 같이 가."

"안 돼. 너는 집에서 부모님을 모시고 있어야 해."

둘째 형은 **부리나케** 혼자 떠났습니다. 그런데 며칠이 지나도록 소식이 없었습니다.

"아버지, 어머니! 제가 가서 형님들을 데려오겠습니다."

"반쪽아, 몸조심하고 잘 다녀오너라."

아버지는 비록 몸이 반쪽이지만 형들보다 힘이 센 반쪽이를 믿었습니다. 산속 깊이 들어간 반쪽이는 밤이 되자 고래 등 같은 집에 이르렀습니다.

"밥 한 그릇만 주십시오. 그리고 잠은 아무데서나 자다가 아침 일찍 떠나겠습니다."

반쪽이는 밥을 먹은 후 마루 밑에 들어가자마자 깊이 잠이 들었습니다.

"지난밤에 온 녀석은 떠났느냐?"

"네, 아무데도 보이지 않습니다."

"지난번에 온 두 녀석은 내가 호랑이인 줄도 모르고 호랑이를 잡겠다고 큰소리를 쳤는데, 이번에 온 녀석은 조용히 갔군."

새벽녘 반쪽이는 **두런거리는** 소리에 정신이 번쩍 들었습니다.

"아니, 그럼 주인 영감이 호랑이였단 말인가?"

반쪽이는 벌떡 일어나 주인 영감 앞으로 나섰습니다.

"네 이놈, 우리 형님들은 어디 있느냐?"

"아니, 어떻게 내가 호랑이인 줄 알았지?"

영감은 순식간에 재주를 넘더니 호랑이로 변했습니다. 반쪽이가 재빠르게 호랑이의 머리를 주먹으로 내리쳤습니다. 반쪽이는 쓰러진 호랑이 몸에 올라타고 한 손으로 머리를 내려쳐 죽였습니다.

호랑이를 잡아 마을로 내려온 반쪽이는 큰 상을 받아 부모님께 효도하며 행복하게 살았답니다.

아이의 생각을 키워 주는 하브루타 대화

- 몸이 불편한 셋째를 반쪽이라고 불렀는데 옳다고 생각하나요?
- 장애가 있는 반쪽이는 어떤 노력을 했기에 두 형보다 힘이 더 세졌을까요?
- 몸이 조금 아프다고 투정을 많이 부리거나 엄살을 부린 적은 없나요?
- 우리가 사는 마을에 호랑이가 나타난다면 어떤 생각이 들까요?
- 두 형은 호랑이가 무섭지 않았을까요?
- 세 아들이 모두 집을 떠나면 부모님은 위험하지 않을까요?
- 부모님을 위해 힘든 일을 대신 해준 적이 있나요?
- 부모님께 효도는 어떻게 하는 것일까요?
- 내가 할 수 있는 효도를 모두 이야기해 볼까요?
- 반쪽이는 호랑이 앞에 나설 때 무섭지 않았을까요?

 엄마와 같이 찾아보는 낱말!

불안에 떨다   방   부리나케   두런거리는

질문하는 아이, 궁금해졌어요!

-
-
-
-
-

전래동화 읽기

팥죽할멈과 호랑이

까마득한 멀고 먼 옛날, 깊고 깊은 산골에 할머니 한 분이 살고 있었습니다.

할머니는 팥죽을 좋아해 **밭이랑**마다 팥을 심고 있었습니다.

"어흥!"

그때 무서운 호랑이가 나타났습니다.

"호랑이야, 살려다오. 뭐든 들어줄 테니 목숨만 살려다오."

할머니는 손이 발이 되도록 싹싹 빌었습니다. 호랑이는 잠시 생각했습니다.

'호랑이 체면에 힘없는 할머니를 잡아먹으면 다른 놈들이 흉보겠지!'

그래서 호랑이는 할머니에게 밭고랑 매기 내기를 하자고 했습니다.

내기는 불을 보듯 뻔했습니다. 할머니가 호미질을 한 번 할 때마다 호랑이는 힘센 발톱으로 밭을 한 고랑씩 매었습니다. 내기에서 이긴 호랑이가 할머니에게 달려들었습니다.

"호랑이야, 내가 죽으면 팥은 어떻게 하지? 팥이 다 자랄 때까지 기다려 주면 내가 팥죽을 쒀 주마."

호랑이는 곰곰이 생각했습니다.

"음, 좋아! 나도 팥죽을 좋아해."

그렇게 해서 할머니는 여름 내내 팥밭을 일구었습니다.

드디어 가을이 왔습니다. 할머니는 팥을 거두어 팥죽을 쑤었습니다.

'호랑이 녀석이 들이닥칠 시간이 됐어. 아이고, 오늘이 내 제삿날이구나.'

할머니는 너무 슬퍼서 펑펑 울었습니다.

그때 손톱만 한 알밤이 데굴데굴 굴러 왔습니다.

"할머니 왜 울고 있어요?"

"오늘 밤 나는 호랑이 밥이 된단다. 그래서 아주 슬프다."

"팥죽 한 그릇만 주시면 호랑이가 할머니를 못 잡아먹게 해드릴게요."

할머니는 속는 셈 치고 팥죽 한 그릇을 퍼 주었습니다.

이번엔 어디선가 자라가 슬금슬금, 개똥이 미끌미끌, 송곳이 콩콩콩콩 다가왔습니다.

"저희도 팥죽 한 그릇 주시면 호랑이가 할머니를 못 잡아먹게 해드릴게요."

할머니는 또 속는 셈 치고 팥죽 한 그릇씩을 퍼 주었습니다.

그런데 놀랄 일이 또 일어났습니다.

절구와 절굿공이가 뒤뚱뒤뚱, **멍석**이 도르르, 지게가 겅중겅중 부엌으로 들어오는 것이었습니다. 할머니는 또 팥죽 한 그릇씩을 퍼 주었습니다.

어느새 해가 지고 밤이 되었습니다. 호랑이가 부엌으로 쓰윽 들어왔습니다.

"할멈, 약속한 대로 내가 왔지."

할머니는 부엌문 뒤에 꼭꼭 숨어 있었습니다.

"그래, 팥죽을 주마. 그런데 너무 어두우니 아궁이에서 불씨를 가져다 다오."

호랑이가 아궁이에 얼굴을 들이밀고 불씨를 꺼내려는데 알밤이 톡 튕겨 나와 호랑이의 얼굴을 사정없이 때렸습니다.

"앗, 뜨거워. 내 얼굴 다 타네!"

호랑이는 너무 뜨거워 얼굴을 씻으려고 물독에 발을 넣었습니다. 그러자 기다렸다는 듯 자라가 호랑이의 앞발을 꽉 물어 버렸습니다. 호랑이는 너무 아파 팔짝팔짝 뛰다가 쭈르르 개똥에 미끄러졌습니다. 그때 송곳이 몸을 뾰족하게 세우고 호랑이 엉덩이를 푹 찔렀습니다.

"으악, 호랑이 살려!"

호랑이는 발이 보이지 않을 만큼 빠르게 도망치기 시작했습니다.

쿵!

이때 **절구** 속의 절굿공이가 호랑이의 머리를 힘껏 쳤습니다. 호랑이는 제대로 소리 한번 못 지르고 발라당 고꾸라졌습니다.

그러자 멍석이 몸을 펴고 호랑이를 도르르 말았습니다. 이때 경중경중 걸어온 **지게**가 꼼짝없이 누워 있는 호랑이를 지고 바다로 갔습니다. 그러고는 호랑이를 바다에 풍덩 빠뜨려 버렸습니다.

이날부터 할머니는 목숨을 살려 준 친구들에게 맛있는 팥죽을 매일매일 쑤어 주었습니다. 🌰

아이의 생각을 키워 주는 하브루타 대화

- 팥죽을 먹어본 적 있나요? 있다면 어떤 맛이었나요?
- 할머니는 왜 혼자 살고 계셨을까요?
- 내기를 한 적이 있다면 어떤 내기를 했나요?
- 가장 좋아하는 음식은 무엇이며 왜 좋아하나요?
- 가장 싫어하는 음식은 무엇이며 왜 싫어하나요?
- 불쌍한 사람을 도와준 적이 있나요?
- 할머니가 팥죽을 주지 않았다면 친구들이 도와주었을까요?
- 힘을 모으면 쉬워지는 일들이 있다면 무엇일까요?
- 내가 가장 잘하는 것이 있다면 무엇일까요?
- 나는 어떤 방법으로 사람들을 도울 수 있을까요?
- 알밤과 지게 친구들은 왜 할머니를 도와주었을까요?

 엄마와 같이 찾아보는 낱말!

밭이랑　　　멍석　　　절구　　　지게

질문하는 아이, 궁금해졌어요!

-
-
-
-
-

전래동화 읽기

쇠를 먹는 불가사리

깊은 산골에 혼자 사는 아주머니가 있었습니다. 아주머니는 전쟁 때 남편과 아이들을 잃어서 쇠를 몹시 싫어했지요.

아주머니는 외로울 때 밥풀을 뭉쳐서 작은 인형을 만들었는데, 이름을 불가사리라고 지었답니다. 아주머니는 불가사리를 손바닥에 올려놓고 노래를 불렀습니다.

"밥 풀데기 불가사리야. 너는 너는 자라서 쇠를 먹고 자라서 죽지 말고 자라서 모두 쇠를 먹어라."

불가사리가 말했습니다.

"누가 나에게 먹여 줄까? 누가 나에게 쇠를 줄까?"

아주머니가 바늘을 꺼내주자 불가사리는 냉큼 받아먹었습니다. 말랑말랑하던 불가사리 몸이 단단해졌습니다.

불가사리는 방 안을 기어 다니며 못, 가위, 칼, 망치, 인두… 쇠

붙이를 모조리 먹어 치웠습니다. 문고리, 자물쇠, 쇠꼬챙이, 괭이, 삽, 낫, 톱을 먹어 치우더니… 집 밖으로 나가 도끼, **가마솥**, **쇠말뚝**, 쇠스랑, 쇠종까지 모조리 먹어 치웠습니다.

한 달이 지나자 불가사리는 소만 해졌답니다.

쇠문, 쇠창살, 쇠몽둥이, 쇠바퀴, 쇠기둥… 쇠붙이란 쇠붙이는 모조리 먹어 치웠고… 이내 불가사리는 집채만 해졌습니다.

그 무렵 오랑캐가 우리나라를 쳐들어왔습니다. 쇠를 먹는 불가사리의 소문은 방방곡곡 퍼졌고 급기야 불가사리가 전쟁터에 나가게 되었습니다.

오랑캐는 활을 쏘고, 창을 던지고, 칼로 찔렀지만 불가사리는 끄떡도 안 했습니다. 그리고 쇠를 닥치는 대로 먹어 버리자 오랑캐는 **혼비백산**해서 줄행랑치고 말았답니다.

이 일로 불가사리의 인기가 하늘 높이 치솟자, 왕은 **좌불안석**이었습니다. 그때, 외눈박이 점쟁이가 나타나 불가사리를 잡는 방법을 알려주었습니다. 불가사리를 만든 아주머니를 인질로 잡아 놓고 매복하는 것이었지요.

이윽고 불가사리가 나타나자 아주머니는 도망가라며 슬픈 노래를 불렀습니다.

"이때다!" 하며, 병사들은 들판에 불을 질렀습니다. 불가사리는 몸이 불에 녹는 줄도 모르고, 있는 힘껏 달려왔습니다.

질질질질, 졸졸졸졸, 좔좔좔좔.

불가사리는 아주머니를 구해 불길 밖으로 나갔습니다. 그 뒤 불가사리를 본 사람은 아무도 없었지만, 사람들은 수근거렸습니다.

"불가사리는 아직 어딘가에 살아 있을 거야. 언젠가는 다시 돌아올 거야."

아이의 생각을 키워 주는 하브루타 대화

- 쇠로 만든 물건에는 무엇이 있을까요?
- 아주머니는 왜 쇠를 싫어할까요?
- 전쟁 때 남편과 아이들을 어떻게 잃어버렸을까요?
- 불가사리는 바다에 사는 생물이 아닐까요?
- 아주머니가 불가사리에게 쇠를 모두 먹어 버리라고 한 이유는 무엇일까요?
- 사람이 쇠를 먹을 수 있을까요? 먹었다면 어떤 일이 일어날까요?
- 세상에 존재하는 모든 무기를 다 먹어 치우는 불가사리가 있다면 어떻게 될까요?
- 불길 속에 있는 아주머니를 구해준 불가사리의 마음은 어떤 마음일까요?
- 쇠를 녹여 버리는 불이 불가사리보다 더 무서운 것이 아닐까요?
- 왜 아주머니는 '불가사리'라고 이름을 지었을까요?

 엄마와 같이 찾아보는 낱말!

가마솥   쇠말뚝   혼비백산   좌불안석

질문하는 아이, 궁금해졌어요!

-
-
-
-
-

전래동화 읽기

소가 된 게으름뱅이

옛날에 일하기 싫어하는 한 총각이 있었습니다. 다 컸는데도 일을 해서 부모님을 모시고 가정을 꾸릴 생각은 않고 빈둥빈둥 **허송세월**만 보내고 있었지요.

"애야, 얼른 일어나 밭에 나가 일 좀 도우렴."

매일 매일 늦게 자고 늦게 일어나는 아들을 보다 못한 어머니가 아침마다 게으름뱅이 총각에게 같은 얘기를 반복했습니다. 언젠가 정신 차리고 성실한 젊은이가 되기를 바라면서요.

하지만 게으름뱅이 총각은 부모님의 충고를 잔소리로만 생각했습니다. 그러던 어느 날, 게으름뱅이 총각은 부모님이 귀하게 여겨 조심스럽게 보관해 온 비싼 베 두 필을 장롱에서 꺼내 가지고 집을 나왔습니다.

인적 없는 산길을 걸어 어느덧 게으름뱅이 총각은 고개를 넘고 있었습니다. 밤이어서 **어둑하니** 게으름뱅이 총각은 점점 무서웠습니다. 멀리 낡은 집 한 채가 보였습니다. 총각은 걸음을 재촉해서 그 집을 찾아갔습니다. 집 안마당에는 할아버지가 웬 탈바가지를 만들고 있었습니다.

"할아버지, 그게 뭔가요?"

게으름뱅이 총각은 호기심이 일었습니다.

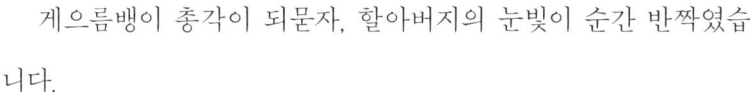

"소머리 탈이야."

"소머리 탈이요?"

게으름뱅이 총각이 되묻자, 할아버지의 눈빛이 순간 반짝였습니다.

"응, 이 탈을 쓰면 일하기 싫어하는 사람에게 아주 좋은 일이 생긴다네."

"제가 한번 써 보면 안 될까요?"

"그래, 써 보게나."

게으름뱅이 총각은 신이 났습니다. 게으름뱅이 총각으로 말할 것 같으면 그 누구보다 일하기 싫어하는 사람이었으니까요.

할아버지는 게으름뱅이 총각 머리에 탈을 씌우고 등에는 쇠가죽을 둘러 주었습니다. 어느새 게으름뱅이 총각은 황소로 변해 있었습니다.

"흐흐. 이놈 덩치도 있으니 값 좀 받겠구나."

할아버지는 **음흉한** 웃음을 흘리며 황소를 장터로 끌고 갔습니다.

"아이고, 사람 살려! 소 안에 사람이 있네!"

소가 된 총각은 장터로 끌려가면서 고래고래 소리를 질렀습니다. 물론 사람들은 총각의 말을 알아들을 수가 없었지요. 그저 "음매" 하는 귀찮은 소 울음소리밖에 들리지 않았답니다.

결국 할아버지는 소가 된 총각을 장에 팔았습니다. 어느 농부에게 팔린 총각은 밤낮없이 일만 했습니다. 일을 안 할 때는 우리에 갇혀 맛없는 마른 풀만 씹어 먹었습니다.

'이렇게 어머니 아버지가 보고 싶다니, 게으름만 피우고 부모님 마음을 아프게 했구나. 그래서 내가 소가 되어 이렇게 벌을 받는구나.'

총각은 하루하루 시간이 지날수록 그간의 일들을 반성했습니다.

그러던 어느 날, 총각은 무청을 발견하고는 냉큼 무밭으로 가 무를 뽑아 아작아작 씹어 먹었습니다.

"이 황소는 무를 먹으면 탈이 나니, 무 근처에 데려가지 마시오."

할아버지가 자신을 팔 때, 농부에게 했던 말을 총각은 똑똑히 기억하고 있었습니다.

뒤늦게 농부가 무밭으로 달려갔습니다. 그런데 소는 온데간데없고 멀쩡한 총각 하나가 무를 씹어 먹고 있었습니다. 농부는 영문을 몰라 어리둥절했습니다.

총각은 다시 고개를 넘어 집으로 돌아왔습니다. 집으로 돌아온 게으름뱅이 총각은 다시는 게으름을 피우지 않았습니다. 빈둥거리고 싶을 때마다 소가 되어 밭을 갈던 때를 떠올렸답니다.

아이의 생각을 키워 주는 하브루타 대화

- 게으름을 피우고 싶을 때가 있나요?
- 게으른 아들을 보는 어머니의 마음은 어떨까요?
- 부모의 귀한 물건을 몰래 가지고 나온 총각의 행동을 어떻게 생각하나요?
- 어떤 소원이 이루어지는 탈을 쓰고 싶나요?
- 할아버지에게 속은 총각은 어떤 마음이 들었을까요?
- 내 말을 들어주지 않아서 답답했던 적이 있나요?
- 부모님 말을 듣지 않고 행동했다가 후회한 적이 있나요?
- 반성은 무슨 뜻인가요?
- 총각은 어떤 마음으로 무를 먹었을까요?
- 이 일을 겪은 총각은 이후 어떤 삶을 살았을까요?

 엄마와 같이 찾아보는 낱말!

허송세월   어둑하니   음흉한

질문하는 아이, 궁금해졌어요!

-
-
-
-
-

☕ 부부가 함께하는 하브루타 대화

- 큰아들이 게으름을 피우고 일을 하지 않는다면 어떤 말을 해 주고 싶나요?
- 게으름은 어려서부터 습관이 된 게 아닐까요?
- 부모가 모든 것을 다 해주니 자신의 일을 찾아 나서는 것을 게을리한다고 생각하지 않나요?
- 왜 노인은 거짓말을 했을까요?
- 부모님 마음을 아프게 한 적이 있나요?
- 내 자녀에게 미안한 마음이 든 적이 있나요?
- 총각은 무를 어떤 마음으로 먹었을까요?
- 다시 새로운 삶을 살 수 있다는 사실을 알았을 때 기분이 어땠을까요?
- 집으로 돌아온 아들이 열심히 일하는 모습을 본 부모 마음은 어땠을까요?

Chapter
04

✦✦✦

배려심 없는 아이

배려심은 상당히 수준 높은 덕목이다. 어른들도 배려심이 있는 사람이라고 평가받는 것이 쉽지 않기 때문이다. 그런데 이제 막 자아가 생성된 아이가 이해하기에는 아직 배려심은 어려운 숙제일 수도 있다. 그래서 비난하거나 부족하다고 지적하기보다는 자신의 배려 있는 행동에 상대방 친구가 얼마나 기뻐하는지 이해가 되면 더 좋을 것 같다는 생각이다. 우리 어른들도 생각지 못한 부분에서 지나고 나면 '아, 그렇게 했더라면 좋았을 텐데' 하는 일들이 종종 있다. 배려 있는 행동이 무엇인지 누군가의 예를 들거나 동화 내용의 생각 나누기를 통해 조금씩 깨달아 가도록 도와주어야 한다.

가정에서 구성원들이 배려가 무엇인지 실천하는 행동을 통해 직접적으로 배우는 환경이 된다면 혼나지 않고 자연스럽게 배려가 넘치는 멋진 아이로 성장할 것이다. 아이가 부족한 부분이 보인다면 나는 그 부분에 대해 어떤 모습을 보여 주고 있는지 아이를 혼내기 전에 나를 돌아보는 시간이 필요하다.

배려라는 수준 높은 덕목은 어느 날 몇 번 말해 주었다고 좋아지는 것은 아니다. 꾸준히 조금씩 작은 것부터 실천하다 보면 상대방이 알아차릴 만한 배려심 있는 행동까지 할 수 있다. 여유롭게 기다리면서 아이가 조금씩 성장함에 따라 조금씩 사고력을 높이는 시간들이 쌓여 인품의 가장 높은 덕목인 배려가 넘치는 인간미 있는 사람이 될 것이다.

첫 번째 학교인 잠재적 교육기관, 가정에서 열심히 실천하고 배우며 체화하는 과정이 필요하다. 배려를 많이 받아 본 아이는 배려가 무엇인지를 빨리 깨닫게 되고 그것이 자연스럽게 체화되는 학습이 일어나면서 배려 깊은 성인이 되는 것이다.

하루에 한 가지만 배려 있는 행동을 해 보자는 실천 가이드와 실천을 실행했을 때 온 가족이 모인 시간에 칭찬하고 격려한다면 어떨까 하는 생각이 든다.

.전래동화 읽기.

의좋은 형제

한 마을에서 따로 농사를 지으며 사는 형제가 있었습니다. 형제는 가을이 되자 **추수**를 하고 각자 논에 **볏가리**를 쌓아 놓았습니다. 형은 생각했습니다.

"아우는 결혼해서 새로 살림을 차렸으니까 쌀이 더 필요할 거야."

형은 밤중에 몰래 논으로 나가 자기 볏가리를 덜어 동생 볏가리에 쌓아 놓았습니다. 그날 밤 동생은 생각했습니다.

"형은 **식솔**이 많으니 쌀이 더 필요할 거야."

동생은 밤중에 나가 자기 볏가리를 덜어 형의 볏가리에 쌓아 놓았습니다. 이튿날 각자 논에 나가 본 형제는 깜짝 놀라고 말았답니다.

분명히 지난밤에 자신의 볏가리를 옮겨 놓았는데 전혀 볏가리가 줄어들지 않은 것입니다. 그날 밤에도 형제는 같은 행동을 했습니다.

그러던 셋째 날에 드디어 형제는 볏가리가 줄어들지 않은 이유를 알게 되었습니다. 밤중에 서로 자신의 볏가리를 형은 동생의 논으로, 동생은 형의 논으로 옮긴 것이었습니다.

아이의 생각을 키워 주는 하브루타 대화

- 형제가 한 마을에 살면 어떤 점이 좋을까요?
- 추수를 하고 논에 볏가리를 쌓아 놓는 이유는 무엇일까요?
- 형제와 크게 싸운 적이 있었나요?
- 형이 먼저 동생에게 주지 않았다면 어떻게 되었을까요?
- 형의 행동을 보면서 동생이 따라 하지 않았을까요?
- 동생이나 형에게 양보한 적이 있다면 그때 기분은 어떠했나요?
- 서로를 생각하는 마음이 크다는 것을 알게 된 형제의 마음은 어떨까요?
- 형제가 사이좋게 사는 모습을 부모가 보았다면 마음이 어떠했을까요?
- 사이좋게 나누어 가진다는 속담이나 사자성어를 알고 있나요?
- 나를 많이 도와주려고 하는 사람에게 나는 어떻게 대하고 싶을까요?

 ### 엄마와 같이 찾아보는 낱말!

추수   볏가리   식솔

질문하는 아이, 궁금해졌어요!

-
-
-
-
-

.전래동화 읽기.

개구리 바위

　금강산 외진 곳에 아주 오래된 우물이 있었습니다. 이 우물 속에는 개구리 형제 열 마리가 살고 있었습니다.
　막내 개구리가 하늘을 쳐다보며 **감탄**하였습니다.
　"형, 하늘이 무척 파래!"
　맏형 개구리는 푸른 하늘을 바라보느라 한껏 고개를 젖혔습니다.
　"그래, 오늘따라 구름도 유난히 하얗구나!"
　개구리 형제들은 목을 쭉 빼고 우물 속에서 보이는 동그란 하늘을 올려다보았습니다.
　어느 날, 우물 위로 까마귀 할아버지가 날아갔습니다.
　"까마귀 할아버지, 어디 가시나요?"
　"하늘에서 내려다보면 무엇이 보이나요?"

"잠깐! 정신이 하나도 없구나. 하나씩 물어봐야지."

그러자 맏형 개구리가 재빨리 물었습니다.

"세상에서 가장 아름다운 곳이 어디예요?"

"그야 당연히 금강산이지. 금강산의 아름다움은 비할 바 없어."

개구리 형제들은 한 번도 우물 밖 풍경을 보지 못했으니 금강산이 얼마나 아름다운지 무척 궁금했습니다. 그래서 맏형 개구리가 형제들을 대표해서 금강산에 다녀오기로 했습니다. 물론 까마귀 할아버지의 도움을 받아야만 했습니다.

까마귀 할아버지는 맏형 개구리를 등에 태우고 금강산을 한 바퀴 빙 돈 다음, 구룡연 계곡에 내려주었습니다. 맏형 개구리는 꼭대기를 향해 폴짝폴짝 정신 없이 올라갔습니다. 계곡을 오를수록 더욱 아름답고 <mark>기이한</mark> 풍경이 그림처럼 펼쳐졌습니다. 시원하게 떨어지는 폭포, 굽이굽이 흐르는 물줄기, 산이 깎아 놓은 듯한 바위… 맏형 개구리는 어느 곳에서도 눈을 떼지 못했습니다.

그렇게 하루 이틀 지나는 동안 맏형 개구리는 동생들이 기다리고 있다는 사실을 잊었습니다.

'어쩜 이렇게 아름다울 수 있을까! 저 바위 좀 봐. <mark>눈부시게</mark> 빛나는 연못은 또 어떻고.'

그렇게 한 달, 두 달이 흘렀습니다. 꼼짝도 않고 앉아서 구룡

연 계곡만 바라보던 맏형 개구리는 그대로 돌이 되어 금강산 구룡 연 계곡의 개구리 바위가 되었답니다. 🌰

아이의 생각을 키워 주는 하브루타 대화

- 금강산은 어디에 있는 산일까요?
- 우물을 본 적이 있나요? 어떻게 사용하는 곳인가요?
- 가 본 산이 있다면 어떤 산이며 어느 계절에 갔나요?
- 아름다운 산이란 어떤 산일까요?
- 산 정상까지 올라간 적이 있나요?
- 높은 산에서 폭포는 어떻게 생길까요?
- 맏형 개구리처럼 어려운 일에 도전해서 성공한 적이 있나요?
- 아무리 좋아하는 것이라도 지나치면 어떤 일이 일어날까요?
- 가장 좋아하는 일은 무엇인가요?
- 너무 지나친 것이 문제가 된다는 속담을 알고 있나요?
- 글쓴이는 왜 이 이야기를 썼을까요?

 엄마와 같이 찾아보는 낱말!

감탄   기이한   눈부시게

질문하는 아이, 궁금해졌어요!

-
-
-
-
-

전래동화 읽기

토끼 재판

옛날에 한 나그네가 길을 가다가 큰 구덩이에 빠진 호랑이를 만났습니다. 호랑이는 온갖 방법을 다 써서 빠져나오려 했지만 방법이 없었습니다. 그러다가 나그네를 만났으니 얼마나 반가웠을까요. 호랑이는 구덩이 밖에서 내려다보고 있는 나그네에게 **애걸**하며 말했습니다.

"나그네님, 제발 저를 살려 주십시오."

"살려 주면 나와서 나를 잡아먹게?"

"절대 그런 일 없을 테니 살려만 주십쇼. 꼭 은혜를 갚을게요."

나그네는 호랑이가 불쌍해 보여 밖으로 나올 수 있도록 커다란 나무를 구해서 구덩이에 걸쳐 놓았습니다. 호랑이는 나무를 타고 밖으로 나와 목숨을 건지게 되었습니다. 그런데 며칠 동안 굶었던 호랑이는 나그네를 보자마자 말했습니다.

"미안하지만 배고파 죽겠으니 너를 잡아먹어야 하겠다."

호랑이는 은혜도 모르고 그저 나그네를 먹잇감으로만 생각할 뿐이었습니다.

"은혜는 갚지 못할지언정 네가 나를 잡아먹지 않겠다고 해서 살려 주었는데… 옳지. 그러면 저기 풀을 뜯고 있는 소한테 가서 한번 물어보기나 하고 나를 잡아먹던지 해라."

나그네가 이렇게 말하자 호랑이도 할 수 없이 그러자고 했습니다. 둘은 소한테 가서 **재판**을 청했습니다.

"내가 구덩이에 빠진 호랑이를 구해 줬는데도 호랑이가 배가 고프다고 나를 잡아먹겠다고 하니 될 말입니까?"

나그네가 이렇게 소에게 말하자 소는 호랑이가 잡아먹어도 괜찮다고 말했습니다.

소는 온종일 일만 시키다 자신을 죽여서는 고기로 먹는 사람들이 미웠기 때문입니다.

그때 마침 지나가는 여우가 있었습니다. 잘못하면 호랑이 먹이가 될 처지인 나그네가 여우에게 또 물어보았습니다. 그러나 여우마저 잡아먹어도 좋다고 말하는 것이었지요. 그 여우도 사람이 미웠기 때문입니다. 이제는 정말 호랑이에게 죽었구나 하고 나그네가 **낙심**하고 있는데 토끼가 깡충깡충 뛰어와서 왜 그러냐고 물었습니다.

"토 생원님 제발 올바른 판결 좀 내려주세요. 글쎄 구덩이에 빠진 호랑이를 살려 주었는데, 오히려 날 잡아먹겠다고 하니 어떡 하면 좋겠습니까?"

이렇게 나그네가 호소하자 토끼는 말만 들어가지고는 잘 모르겠으니 원래대로 해 보라고 말했습니다.

"그거야 어렵지 않지."

호랑이가 다시 구덩이로 들어가서 "이렇게 있는데 나를 구해 줬다"고 말했습니다.

그때 나그네는 걸쳐 놓았던 나무를 재빨리 치워 버렸습니다. 호랑이는 구덩이에 다시 갇혀서 밖으로 나올 수가 없었습니다.

"이 은혜도 모르는 호랑이야, 너는 죽어야 해."

토끼는 이렇게 말하고는 숲 속으로 깡충깡충 뛰어갔답니다.

아이의 생각을 키워 주는 하브루타 대화

- 호랑이는 어쩌다 큰 구덩이에 빠졌을까요?
- 호랑이처럼 길을 가다 잘못 보고 넘어지거나 부딪힌 적이 있나요?
- 은혜를 모르는 호랑이에 대해 어떻게 생각하나요?
- 재판이란 무엇인가요?
- 재판관이 정직하게 판결을 내리지 않으면 어떻게 될까요?
- 소와 여우는 재판관을 할 자격이 있나요?
- 지혜로운 생각으로 친구나 이웃을 도운 적이 있나요?
- 지혜로운 행동은 어떻게 나올까요?
- 지혜를 키우려면 무엇이 도움이 될까요?
- 도와주었더니 오히려 해를 주는 경우를 속담이나 사자성어로 표현한다면 무엇인가요?
- 토끼는 왜 나그네를 도와주었을까요?(토끼와 사람들과의 관계는 어땠을까요?)

 엄마와 같이 찾아보는 낱말!

애걸   재판   낙심

질문하는 아이, 궁금해졌어요!

-
-
-
-
-

Chapter 04 · 배려심 없는 아이

전래동화 읽기

해와 달이 된 오누이

옛날 옛적에 한 어머니가 떡을 팔고 집으로 돌아가는 길이었습니다. 떡은 딱 하나밖에 남아 있지 않았습니다. 어머니는 집에 가려면 고개를 여러 번 넘어야 했습니다. 가장 첫 번째 고개를 넘을 때, 갑자기 호랑이가 나타났습니다.

"이봐, 떡 하나 주면 안 잡아먹지!"

"그…그래, 내가 떡 하나 주마."

어머니는 호랑이한테 떡을 주었습니다. 그리고 두 번째 고개를 넘기 시작했습니다. 그때 호랑이가 또 나타났습니다.

"이봐, 팔 하나 주면 안 잡아먹지!"

팔뚝을 하나 내놓으라는 것이었습니다. 어머니는 어쩔 수 없었습니다.

"그래? 자 팔뚝 여기 있다."

세 번째 고개를 넘을 때, 또 호랑이가 나타났습니다.

"이봐, 다리 하나 주면 안 잡아먹지!"

"알았어, 옛다."

그리고 네 번째 고개를 뒹굴며 넘어갈 때였습니다. 또 호랑이가 나타났습니다.

"이봐, 몸통을 주면 안 잡아먹지!"

"알았다."

어머니는 마지막 고개를 머리로 굴러가며 넘어갔습니다. 그런데 호랑이가 또 나타났습니다.

"이봐, 난 아직도 배가 고파! 너를 당장 잡아먹을 테야!"

"아니, 안 돼! 아이들이 있는 집으로 돌아가야 해!"

"안 되긴 뭐가 안 돼?"

그러고는 내리막길로 굴러 내려오는 어머니의 머리마저 호랑이는 잡아먹고 말았습니다.

"아이들이 집에서 엄마를 기다리고 있단 말이지?"

호랑이는 회심의 미소를 지은 후 어머니의 옷을 입고 집으로 향했습니다.

"얘들아, 엄마 왔다. 문 열어라."

"흥! 우리 엄마 목소리는 그렇게 거칠지 않아!"

첫째인 오빠가 말했습니다. 호랑이가 다시 물었습니다.

"엄마가 감기가 들어서 그래. 엄마 목소리가 평소 어땠는데?"

둘째인 여동생이 냉큼 대답했습니다.

"우리 엄마 목소리는 참기름을 바른 것처럼 곱지."

호랑이는 참기름을 먹고 어머니 흉내를 내어 아이들을 속이고 기어이 집 안에 들어갔습니다. 아이들은 남매와 아기까지 모두 셋이었습니다. 호랑이는 남매에게 말했답니다.

"너희들은 여기서 놀아라. 엄마는 아기 젖 좀 먹이고 올 테니."

"예."

호랑이는 막내 아기를 데리고 방으로 들어갔습니다. 그런데 이상한 소리가 났습니다.

"오독오독."

남매는 궁금했습니다.

"엄마, 뭐 먹고 계세요?"

"응, 콩을 먹고 있단다."

"예."

그런데 둘째인 여동생은 아무래도 엄마가 이상했습니다.

"오빠, 엄마가 좀 이상하지 않아?"

"그렇지?"

첫째가 문에 구멍을 뚫어 방 안을 들여다보았습니다. 그런데 세상에 호랑이가 아기 뼈를 먹고 있는 거였습니다.

오빠와 동생은 밖으로 도망쳐 나무 위로 올라갔습니다. 호랑이는 남매가 사라진 것을 알아챘습니다.

"아니! 애들이 어디 갔지?"

호랑이는 밖으로 나가서 남매를 찾았지만 보이지 않았답니다. 그런데 호랑이가 우물을 보자, 나무에 올라간 남매가 우물 속에 비쳐 보였습니다. 호랑이가 물었습니다.

"얘들아, 거기 어떻게 올라갔니?"

오빠가 말했습니다.

"나무에 기름칠을 하고 올라왔지!"

"그래?"

무식한 호랑이는 정말로 기름칠을 하고 나무 위로 올라가려고 했습니다. 그런데 미끄러져서 자꾸 떨어지기만 할 뿐이었지요. 여동생이 까르르 웃었고, 호랑이는 다시 물었습니다.

"얘들아, 거기 어떻게 올라갔니?"

여동생은 호랑이를 골탕 먹인 것이 즐거워서 자기로 모르게 대답하고 말았습니다.

"바보! 도끼로 찍으면서 나무에 올라오면 우리를 잡아먹을 수 있잖아."

"그래?"

호랑이는 도끼를 이용해 나무 위로 올라가기 시작했습니다. 다급해진 오빠가 하늘에 빌었습니다.

"하느님, 하느님, 저희를 살리시려거든 새 **동아줄**을 내리시고 저희를 버리시려거든 썩은 동아줄을 내려주세요!"

하느님은 오빠의 **청**을 듣고 새 동아줄을 내려주었습니다. 그걸 본 무식한 호랑이가 말했습니다.

"하느님, 하느님, 저를 살리시려거든 썩은 동아줄을 내리시고 저를 죽이시려거든 새 동아줄을 내려주십시오!"

하느님은 호랑이의 청도 들어주었습니다. 그래서 썩은 동아줄을 내려주었습니다. 왜일까요? 호랑이가 자기를 살리시려면 썩은 동아줄을 내려 달라고 했으니까요. 호랑이가 바꿔 말해 버린 것이었지요.

결국 동아줄은 호랑이의 몸무게를 버티지 못하고 끊어지고 말았고, 호랑이는 **수수밭**에 떨어져 죽었답니다. 그래서 오늘날 수수밭 색깔이 빨간색이라고 합니다.

하늘로 올라간 남매는 오빠는 해가 되고 여동생은 달이 되었답니다. 그런데 여동생이 밤을 무서워해서 오빠와 바꾸게 되었고, 결국 여동생은 해가 되었고 오빠는 달이 되었습니다. 🌰

아이의 생각을 키워 주는 하브루타 대화

- 베를 매러 간다는 뜻은 무엇일까요?
- 은혜를 입은 호랑이가 결국 잡아먹는 행동에 대해 어떤 생각이 드나요?
- 집에 혼자 지낸 경험이 있나요? 그때 어떤 기분이었나요?
- 혼자 있을 때 모르는 사람이 문을 열어 달라고 하면 어떻게 할까요?
- 남매가 위험에서 벗어나기 위해 한 행동을 어떻게 생각하나요?
- 기도를 한다면 어떤 기도를 하고 있나요?
- 생활하면서 위험하다고 생각했던 적이 있나요?
- 기도를 하면 이루어진다고 생각하나요?
- 남매는 사이가 좋았을까요?
- 형제자매가 사이좋게 지내려면 어떻게 해야 할까요?

 엄마와 같이 찾아보는 낱말!

고개   동아줄   청   수수밭

질문하는 아이, 궁금해졌어요!

-
-
-
-
-

Chapter 04 · 배려심 없는 아이   *215*

전래동화 읽기

자린고비 영감

옛날, 어느 마을에 지독한 **구두쇠**로 소문난 **자린고비** 영감이 살았습니다.

자린고비 영감은 짚신 닳는 것이 아까워 짚신을 허리에 차고 맨발로 걸어 다녔습니다. 옷이 닳을까 봐 앉아서 쉬지도 않았지요.

그러다가 사람들이 다가오면 얼른 짚신을 신고 사람들이 지나가면 다시 짚신을 벗어 허리에 찼습니다.

하루는 자린고비 영감이 굴비 한 마리를 선물로 받았습니다. 자린고비 영감은 굴비를 새끼줄로 묶어 천장에 매달아 놓았지요.

밥 한 술 입에 넣고 굴비 한 번 쳐다보고,

또 한 술 떠 넣고 굴비 한 번 쳐다보고.

"고놈 참 맛있게 생겼도다!"

굴비가 먹고 싶어 군침이 돌자 그 군침으로 밥을 삼켰지요.

어느 날, 동네에 생선 장수가 왔습니다.

자린고비 영감의 며느리가 생선을 사는 척하며 손으로 주물럭거리고는 생선 비린내가 풀풀 나는 손을 씻은 물로 국을 끓였습니다.

그 모습을 본 자린고비 영감은 며느리를 나무랐습니다.

"그 손을 물독에 씻었더라면 두고두고 고깃국을 먹을 수 있었을 텐데, 아까워서 어쩌누?"

어느 겨울밤, 자린고비 영감은 자다가 등이 서늘해서 잠에서 깼습니다.

찬바람이 술술 들어오는 곳을 살펴보니 창호지 문에 밥그릇만 한 구멍이 뚫려 있는 것이었습니다. 자린고비 영감은 날이 밝기를 기다렸다가 밖에 나가 쓰다 버린 종이를 찾았습니다. 운 좋게 찢어진 종이 한 장을 줍기는 했지만, 너무 작아서 구멍을 막을 수는 없었습니다.

자린고비 영감은 이 궁리 저 궁리 끝에 주워 온 종이에 편지를 쓰기로 했습니다. 이웃 영감에게 편지를 보내 답장으로 더 큰 종이를 받을 속셈이었지요.

"내 긴히 쓸 일이 있어서 그러니 올해 정월 초하루부터 섣달 그믐날까지 계획을 적어 보내 주기 바라네."

그러나 편지를 보내고 아무리 기다려도 답장이 오지 않았습니다. 부아가 치민 자린고비 영감은 이웃 영감에게로 달려갔습니다.

"이 사람아, 편지를 받았으면 답장을 해야 할 것 아닌가?"

"미안하네. 답장을 보내고 싶지만, 집에 종이가 없다네."

"그럼 내가 보낸 편지 돌려주게."

"우리 집 문구멍 뚫린 곳에 발랐네."

화가 난 자린고비 영감이 문에 붙여 놓은 편지를 떼자 이웃 영감이 소리쳤습니다.

"여보게, 그 편지에 붙은 밥풀은 떼어 놓고 가게. 그것을 붙이느라 밥알이 세 알이나 들었다네!"

그러자 자린고비 영감은 잽싸게 달아나며 외쳤습니다.

"옳거니! 밥알 세 알은 덤으로 얻었구나."

어느 날, 자린고비 영감이 장독을 열자 파리 한 마리가 항아리 안에 앉았다 날아갔습니다.

"내 된장, 감히 내 된장을 훔쳐 가?"

자린고비 영감은 10리나 쫓아가서 파리를 잡아 파리 발에 묻은 된장을 쪽쪽 빨아 먹었습니다.

"아무튼, 자린고비 영감은 아무도 못 말린다니까!"

흉년이 들어 쫄쫄 굶고 있던 동네 사람들은 자린고비 영감의 그 모습을 보고는 혀를 끌끌 차며 흉을 보았답니다.

아이의 생각을 키워 주는 하브루타 대화

- 가장 소중하게 아끼는 물건이 있나요?
- 받은 선물 중 가장 좋았던 것이 있다면 무엇인가요?
- 좋아하는 생선요리가 있나요? 어떤 생선인가요?
- 한옥집을 직접 구경한 적이 있나요? 어떤 느낌이었나요?
- 돈을 아끼는 편인가요? 아니면 잘 쓰는 편인가요?
- 돈을 잘 쓴다는 것은 어떤 의미인가요?
- 돈이 많으면 어떻게 쓰고 싶나요?
- 부자가 되고 싶다면 왜 그렇게 생각하나요?
- 자린고비를 보고 어떤 생각이 들었나요?
- 돈을 어떻게 벌 수 있을까요?

 엄마와 같이 찾아보는 낱말!

구두쇠　　자린고비　　흉년

질문하는 아이, 궁금해졌어요!

-
-
-
-
-

 부부가 함께하는 하브루타 대화

- 내 남편이 자린고비라면 어떨까요?
- 나에게 인색한 부분이 있다면 무엇인가요?
- 자린고비 영감은 어리석은 걸까요? 아니면 실속이 있는 걸까요?
- 내가 절약해서 하고 싶은 일이 있다면 무엇인가요?
- 며느리가 결혼 후 시댁 문화에 적응한 결과라고 본다면 나는 어떤 변화가 있었나요?
- 당신은 오늘이 마지막인 것처럼 사는 사람인가요?
- 나는 현명한 소비를 하나요?
- '개처럼 벌어서 정승처럼 써라'의 뜻은 무엇인가요?
- 평소 검소하게 사신 분들이 오히려 기부를 많이 하는 이유는 무엇일까요?

전래동화 읽기

우렁각시 이야기

어느 마을에 몹시도 가난한 총각이 살았습니다. 총각은 농사를 열심히 지었지만 좀처럼 형편이 나아지지 않았습니다. 그래서 늦도록 장가도 가지 못하고 혼자 살고 있었지요.

그날도 총각은 홀로 논으로 나갔습니다. 총각은 괭이로 땅을 파며 혼잣말로 중얼거렸습니다.

"아내도 없는 처지에 농사는 지어서 누구랑 먹고사나?"

그때 이상한 일이 벌어졌습니다. 분명 주위에는 아무도 없는데 어디서 사람 말소리가 들리는 것이었습니다.

"나랑 먹고살면 되지."

농부는 잘못 들었나 싶어 다시 한번 괭이로 땅을 힘껏 파면서 더욱 큰 소리로 중얼거렸습니다.

"농사는 지어서 누구랑 먹고사나?"

이번에도 목소리가 들렸습니다.

"나랑 먹고살면 되지."

총각은 별 이상한 일도 다 있다고 생각하며 열심히 땅을 팠습니다. 그런데 한참 파 보니 땅속에 커다란 **우렁이**가 한 마리 들어앉아 있었습니다. 보통 우렁이보다 몇 배나 더 큰 우렁이였지요.

"이 우렁이를 집에 가지고 가서 길러야겠다."

총각은 우렁이를 냇물에 깨끗하게 씻어서 소중하게 집으로 데리고 왔습니다. 총각은 커다란 **항아리**에 깨끗한 물을 담고 우렁이를 그 속에 넣어 두었습니다. 마침 점심때여서 총각은 자기 밥을 차리면서 우렁이에게도 밥을 나눠 주었습니다.

총각은 다시 논으로 나가 열심히 일한 다음 집으로 돌아왔습니다. 저녁을 지으려고 부엌에 들어갔는데, 이게 웬일입니까? 밥상 위에 온갖 맛있는 반찬이 차려져 있는 것이었습니다.

"이것 참, 이상한 일인걸. 대체 누가 밥상을 차려 놓았지? 어느 이웃인지 몰라도 밥을 나눠 준 모양이군. 고마운 일이야."

총각은 중얼거리며 밥을 먹었습니다. 물론 우렁이에게도 밥을 주었지요.

다음 날, 총각은 아침 일찍 또 논으로 나가 일을 하고 점심 무렵 돌아왔습니다. 이 날도 밥상이 차려져 있었답니다.

"정말 이상한 일이군. 어느 고마운 사람이 또 밥상을 차려 놓았을까?"

총각은 무척이나 궁금했지만, 밥을 먹고 다시 일을 하러 갔습니다. 그런데 저녁이 되어 집에 돌아와 보니 잘 차려진 밥상이 또 놓여 있었습니다.

"누가 이렇게 매일같이 밥상을 차려 주는지 이웃에게 물어봐야겠다. 그래야 고맙다는 인사라도 하지."

총각은 얼른 밥을 먹고 이웃을 찾아다니며 밥상을 차려 준 사람이 누구인지 물었습니다. 하지만 다들 모르는 일이라며 고개를 저었습니다.

"거참, 이상하다. 아무래도 내일은 몰래 숨어 어떻게 된 건지 알아봐야겠다."

다음 날, 총각은 일하러 가는 것처럼 집에서 나왔다가 몰래 담 뒤에 숨었습니다. 도대체 누가 매일같이 밥상을 차려 주는지 궁금해서 일을 나갈 수가 없었기 때문이지요.

집 안을 가만히 살펴보던 총각은 곧 소스라치게 놀라고 말았습니다.

"아니?"

도저히 믿을 수 없게도 우렁이를 넣어 둔 항아리에서 어여쁜

색시가 나오더니 부엌으로 들어가는 것이었습니다. 총각은 놀란 가슴을 진정시키느라 숨을 몰아쉬었습니다.

항아리에서 나온 색시는 부지런히 밥상을 차리더니 다시 항아리 속으로 들어가 버렸습니다.

총각은 논에서 일을 하고 온 것처럼 **시치미를 떼고** 집으로

들어가서 점심을 먹었습니다. 밥상을 물리고는 다시 일을 나가는 척 담 뒤에 숨어서 지켜보았습니다. 저녁때도 똑같은 일이 일어났지요.

색시가 밥상을 다 차리고 다시 항아리 속으로 들어가려고 할 때 총각은 얼른 뛰어 들어가 색시의 팔을 붙잡았습니다.

"당신은 도대체 누구요? 사람이오, 귀신이오?"

색시가 말했습니다.

"저는 원래 하늘에 살던 선녀인데 죄를 짓고 땅으로 쫓겨 와 우렁이가 되었습니다. 당신이 저를 깨끗한 물에 넣어 주셔서 다시 사람이 되었답니다."

"그렇다면 이제 항아리에 들어가지 말고 나하고 삽시다."

색시는 고개를 저었습니다.

"지금 당장은 안 돼요. 며칠만 기다려 주세요. 깨끗한 물에 몸을 더 씻어야 완전한 사람이 된답니다."

그날부터 총각은 하루에도 몇 번씩 항아리 물을 갈아 주었습니다. 색시가 빨리 완전한 사람이 되었으면 하는 마음이었지요.

닷새가 지나자 우렁이는 더 이상 항아리에 들어가지 않아도 되었습니다. 완전한 사람이 된 것이었습니다. 마음씨 착한 총각은 예쁜 우렁각시와 함께 행복하게 살았답니다.

아이의 생각을 키워 주는 하브루타 대화

- 가난이란 무슨 의미인가요?
- 열심히 일하는데도 형편이 왜 좋아지지 않았을까요?
- 우렁이를 본 적이 있나요? 없다면 같이 찾아볼까요?
- 자신의 밥을 우렁이에게 나누어 주는 마음은 어땠을까요?
- 예상하지 못했던 맛있는 음식이 식탁 가득 있다면 기분이 어떨까요?
- 우리 집에서 누가 요리를 가장 잘하나요?
- 아무도 모르게 선행을 하는 사람들은 어떤 마음으로 할까요?
- 우렁이가 밥상을 차린다는 사실을 알았을 때 총각은 어떤 느낌이었을까요?
- 착한 일을 해놓고 시치미를 뗀 적이 있나요?
- 우렁각시처럼 나에게 항상 잘해주는 사람이 있나요?

 엄마와 같이 찾아보는 낱말!

우렁이   항아리   시치미를 떼다

질문하는 아이, 궁금해졌어요!

-
-
-
-
-

☕ 부부가 함께하는 하브루타 대화

- 선녀는 무슨 죄를 짓고 땅으로 내려왔을까요?
- 사람은 혼자 살 수 없는 것일까요?
- 총각은 외로워서 우렁이를 데려갔을까요?
- 선녀는 총각을 선택한 건가요?
- 열심히 일하는 총각의 삶이 나아지지 않는 이유는 무엇일까요?
- 죄를 씻는 방법을 누군가 알려줬을까요?
- 기분 좋게 거절하는 방법은 무엇일까요?
- 먼저 선행을 베풀었는데 상대방이 몰라주었을 때 끝까지 선행을 베풀 수 있을까요?
- 먹고사는 게 행복하게 사는 핵심인가요?

전래동화 읽기

누렁소와 검정소

어느 날이었습니다. 소 두 마리가 밭을 갈고 있었습니다. 한 마리는 털이 짙은 황색인 누렁소였고, 다른 한 마리는 털이 검은 검정소였답니다.

멀리 나무 그늘 속에서 소들이 일하는 모습을 젊은 선비가 **물끄러미** 호기심 어린 표정으로 지켜보고 있었습니다. 한참을 지켜보던 선비가 농부에게 외쳤습니다.

"어르신! 둘 중에 어떤 놈이 일을 잘하오?"

그 말을 들은 농부는 쟁기를 놓고는 선비가 쉬고 있는 나무 그늘 쪽으로 걸어왔습니다. 충분히 선비와 가까워진 농부는 선비의 한쪽 귀에 대고 속삭였습니다.

"누렁소가 일을 잘합니다. 하지만 힘은 검정소가 더 세요."

선비는 농부가 무슨 장난을 치는가 싶어 눈을 깜박거렸습니다.

"아니, 어르신, 그냥 말로 하면 되지, 왜 남의 귀에 대고 속삭이는 거요?"

"아니 누렁소가 더 일을 잘한다는 말을 검정소가 들으면 기분이 어떻겠소?"

'아…….'

젊은 선비는 속으로 아차, 하는 마음이 들었습니다. 얼굴에서 웃음기가 사라진 젊은 선비는 농부에게 큰 깨달음을 얻었습니다.

소의 기분까지 배려하는 농부의 마음씨에 젊은 선비는 진심 어린 감동을 받은 것이었습니다.

이 젊은 선비는 세종대왕 때의 명재상인 황희입니다. 황희 정승은 이때의 교훈을 잊지 않고 늘 어떻게 하면 백성들이 잘살 수 있을까 하고 고민한 어진 정치가였다고 합니다.

아이의 생각을 키워 주는 하브루타 대화

- 자신의 가장 큰 장점은 무엇인가요?
- 가장 잘하는 일은 무엇인가요?
- 어떤 상황일 때 귓속말을 하게 되나요?
- 선비는 왜 어떤 소가 일을 잘하냐고 물어보았을까요?
- 농부는 두 소의 장점을 어떻게 알고 있을까요?
- 나를 인정해 주고 칭찬해 주는 사람이 있나요?
- 가장 칭찬해 주고 싶은 친구가 있다면 누구인가요?
- 어떤 동물을 좋아하나요?
- 동물을 사랑하는 마음은 어떤 마음일까요?
- 황희 정승에 대해 알고 있나요? 모른다면 같이 찾아볼까요?

 엄마와 같이 찾아보는 낱말!

물끄러미   어질다

질문하는 아이, 궁금해졌어요!

-
-
-
-
-

부부가 함께하는 하브루타 대화

- 내 앞에서 귓속말을 하는 사람들을 본다면 마음이 어떨까요?
- 부부가 자녀의 단점을 얘기하다 들킨 적은 없나요?
- 나에게 하고 싶은 말을 직접 하지 않고 다른 사람을 통해 들었다면 기분이 어떨까요?
- 내가 한 얘기가 잘못 전달돼서 오해가 생긴 일은 없나요?
- 우리 삶에 배려가 필요한 이유는 무엇일까요?
- 일방적 배려가 일으킬 수 있는 문제는 없나요?
- 부부 사이에 서로 배려해야 하는 항목 중 가장 우선은 무엇인가요?
- 부모와 자녀 사이에서 최소한의 배려는 무엇일까요?
- 큰 깨달음을 받은 적이 있나요?

Chapter
05

✶✶✶

스스로
지혜를
키우는 아이

혼자 스스로 지혜를 키운다는 건 타고난 천재가 아니고서야 어려운 일이다. 지혜를 키우는 방법을 알아야 가능한 일이다. 그중 독서를 통한 간접경험은 아이의 생각을 키워 주고 세상을 알아가게 하는 방법이다. 그런데 혼자서 책을 읽고 생각하다 보면 지혜를 얻기보다는 선입견과 편견을 가질 수도 있다는 것을 간과해서는 안 된다.

누군가 말했다.

"내가 아는 것이 모두 편견이다."

그렇기에 혼자 편견을 쌓아 가는 것보다 다른 사람의 생각을 듣고 다른 관점도 바라보며 때로 설득도 해 보고, 설득도 당해 보는 과정이야말로 선입견을 줄이는 가장 효과적인 방법이라고 생각한다. 이런 관점에서 본다면 지혜는 혼자 키우기보다 대화와 토론을 통해 길러지는 것이라고 결론지어진다. '대화가 잘되는 집 아이들이 미래의 인재가 된다'라는 이론과 통계가 많이 나와 있다. 왜 그럴까? 세상 모든 일이 사람과 사람 사이의 대화와 소통 그리고 설득, 협상을 통해 이루어지고 있다. 사회에 나가 직면해야 할 것들을 미리 가정에서 연습하고 체화 과정을 거친 아이라면 세상이 만만해질 것이다. 사회에 나가서 좌충우돌 부딪히고 깨지고 관계에서 실패한 후에 바꾸려면 너무나 많은 대가를 치른 후라는 것이다.

지혜로운 부모라면 동화나 책을 통해 세상을 알게 하고 사람들과의 관계를 생각하게 하며 문제 해결 방법을 찾아가는 지혜를 알아가는 연습을 시킨다. 그러다 보면 체화 과정을 통해 스스로 지혜를 키워 가는 아이로 성장할 것이다. 어릴 때부터 지혜를 갖고 태어난 사람은 없다. 좋은 환경은 물론 가족이 안내하는 시간이 절대적으로 필요하다. 그 시간들이 쌓여 지혜롭고 성숙한 삶을 만들지 않을까 생각한다.

지혜로운 아이는 훌륭한 길잡이가 있을 때 탄생한다. 부모라면 유대인처럼 대화하고 토론하는 친절한 스승, 안내자가 되어야 한다.

전래동화 읽기

사윗감을 찾아 나선 두더지

　옛날 옛날 한 옛날, 깊고 깊은 땅속 마을에 **금실 좋은** 두더지 부부가 살았습니다. 두더지 부부에게는 **금지옥엽** 귀하게 키운 딸이 있었습니다. 어여삐 자란 두더지 딸이 시집갈 나이가 되자, 사위가 되겠다고 찾아오는 총각은 많았지만, 두더지 부부의 마음에는 들지 않았습니다.

　"쯧쯧쯧, 어째 다 이 모양일꼬. 우리 딸은 세상에서 가장 힘센 사위에게 시집 보낼 거야!"

　사윗감을 찾기 위해 땅 위로 올라온 두더지 영감은 햇빛 때문에 눈을 뜰 수가 없었습니다.

　"어이쿠, 저 뻘건 것 때문에 눈을 뜰 수가 없군. 아하! 저것이 세상에서 가장 힘이 센가 보구나!"

　두 눈을 꼭 감은 두더지 영감은 해를 향하여 말하였습니다.

"세상에서 가장 힘센 사위를 찾고 있으니, 내 사위가 되어 주시오!"

"하하하!"

두더지 영감의 말에 웃기만 하던 해를 구름이 몰려와서 가렸습니다.

"휴, 저건 뭔데 불덩이 같은 해를 가려 버릴까? 아마 저것이 세상에서 가장 힘에 센가 보군."

두더지 영감은 부지런히 구름을 쫓아가면서 말하였습니다.

"세상에서 가장 힘센 사윗감을 찾고 있으니 내 사위가 되어 주시오!"

"허허허!"

두더지 영감을 향해 웃음을 터뜨리던 구름은 거센 바람이 불자 멀리 멀리 갔습니다.

"아얏!"

바람에 날려 온 두더지는 커다란 **돌부처**에 부딪혔습니다.

"거센 바람에도 끄떡없는 것을 보니 세상에서 가장 힘이 센가 보군. 돌부처님, 부디 내 사위가 되어 주시오."

그때였습니다. 거센 바람에도 끄떡없었던 돌부처가 들썩거렸습니다.

"으쌰, 으쌰!"

돌부처를 들어 올린 것은 바로 두더지 총각이었습니다.

"와, 이렇게 힘이 센 사윗감이 여기 있었다니… 내 사위가 되어 주게."

마침내 두더지 영감은 세상에서 가장 힘이 센 사윗감을 얻게 되었답니다.

아이의 생각을 키워 주는 하브루타 대화

- 두더지는 왜 땅속 깊은 곳에 살까요?
- 두더지 부부는 사위가 되겠다고 찾아오는 총각들이 왜 맘에 들지 않았을까요?
- 두더지는 해를 보면 왜 눈을 뜨기가 힘들까요?
- 땀이 뻘뻘 나는 여름에 더위를 피할 방법이 있다면 무엇일까요?
- 해보다 힘이 센 것은 무엇일까요?
- 허리케인처럼 강력한 바람이 불면 어떤 일들이 일어날까요?
- 무거운 것을 들어 본 경험이 있나요?
- 돌부처를 들어 올릴 방법이 있나요?
- 딸의 결혼 상대를 부모가 결정하는데 딸은 어떻게 생각할까요?
- 두더지 부모에게 해주고 싶은 말이 있나요?

 엄마와 같이 찾아보는 낱말!

금실 좋은   금지옥엽   돌부처

질문하는 아이, 궁금해졌어요!

-
-
-
-
-

전래동화 읽기

방귀쟁이의 대결

옛날 옛적 어느 산마을에 방귀를 잘 뀌는 방귀 대장이 살았습니다. 얼마나 방귀 힘이 센지 과일나무의 과일들도 방귀 한 방으로 모두 다 떨어졌습니다. 마을 사람 모두가 한마디씩 했답니다.

"방귀가 얼마나 센지 방귀 한 번 뀌면 쓩 날아올라 날아가는 참새도 맨손으로 잡고는 하더라고."

"정말 대단한 방귀 대장이네그려."

그런데 대단한 사람이 건넛마을 강마을에도 있었습니다.

"세상에 작은 방귀 하나로 배를 모두 뒤집히게 만들고, 강에 방귀 한 방 뀌어 주면 물고기들이 모두 튀어 올라 손으로 건져오면 될 정도라네."

"그런데 산마을 방귀 대장과 강마을 방귀 대장 중에 누가 더 셀까?"

"글쎄, 참 궁금하네."

워낙 서로 대단한 사람들이다 보니 어느새 강마을 방귀 대장 소식이 건너 산마을 방귀 대장 귀에도 들어갔답니다.

"이보게, 강마을 방귀 대장이 몇 곱절 방귀가 더 세다고 하던데."

산마을 방귀 대장은 자존심이 상했습니다.

'그 녀석 방귀가 세면 얼마나 세겠어. 내 방귀에는 못 당할 거야.'

산마을 방귀 대장은 강마을 방귀 대장과 붙어 보려고 강마을로 건너갔습니다. 그런데 때마침 강마을 방귀 대장은 집을 비우고 아들 혼자 집을 보고 있었습니다.

"우리 아빠 방귀는 세상에서 가장 세니까 겨뤄 볼 필요도 없어요. 돌아가시는 게 좋을걸요."

산마을 방귀 대장은 자존심이 완전히 상해서 괜한 호기를 부렸습니다.

"요 녀석! 내 방귀 맛 좀 봐라! 뿌우우우웅!"

산마을 방귀 대장은 강마을 방귀 대장의 아들을 날려 버리고 말았습니다. 아들은 **아궁이** 속으로 들어가 **구들장**을 지나 굴뚝 밖까지 튀어나왔지요. 늦게 집으로 돌아온 강마을 방귀 대장은 새까매진 아들이 엉엉 울면서 자초지종을 말하자 화가 났답니다.

"내 이 녀석을 그냥. 좋아! 내 방귀 실력을 보여 주지! 뿌우우우우우웅."

　강마을 방귀 대장은 건넛마을을 겨냥해 절구통을 날렸습니다. 절구가 건너편 산마을 집에 다 도착할 쯤 산마을 방귀 대장이 날아오는 절구를 보고 놀라서 맞방귀로 도로 날려 주었습니다.

"뿌우우우우우웅."

　날아간 절구통은 또 맞방귀를 맞아 건넛마을로 날아갔지요.

"뿌우우우우웅웅."

"뿌우우우우웅웅."

　그렇게 두 방귀 대장의 절구통 날리기는 밤새도록 계속되었다고 합니다.

아이의 생각을 키워 주는 하브루타 대화

- 방귀는 언제 나오나요?
- 방귀 대장들처럼 친구들과 내기를 한 적이 있나요?
- 어른들끼리 경쟁하다가 아이를 날려 버린 행동을 어떻게 생각하나요?
- 울고 있는 아들을 보는 방귀 대장 아버지의 마음은 어땠을까요?
- 아궁이와 구들장은 어느 장소에 있는 것일까요?
- 굴뚝이 들어간 속담은 무엇일까요?
- 절구통은 무엇을 하는 도구일까요?
- 지금은 절구통 대신 무엇을 사용할까요?
- 굴뚝은 어떤 역할을 할까요?
- 절구통 날리기는 왜 밤새도록 계속되었을까요?

 엄마와 같이 찾아보는 낱말!

아궁이   구들장   절구통

질문하는 아이, 궁금해졌어요!

-
-
-
-
-

전래동화 읽기.

견우와 직녀

옛날, 하늘나라에 직녀라는 하늘나라 임금님의 딸이 있었습니다. 직녀는 마음씨가 **비단결** 같을 뿐 아니라 얼굴도 아주 예쁘게 생겼습니다. "찰그락, 찰그락" 직녀의 베 짜는 솜씨는 따를 사람이 없었지요. 해가 지는 줄도 모르고 날마다 열심히 베를 짰습니다. 너무 베를 잘 짜서 사람들은 직녀라고 불렀습니다. 또한 베만 잘 짜는 것이 아니고, 음식 솜씨도 뛰어나 하늘나라 궁궐에서 보석처럼 빛나는 공주님이었습니다.

어느 봄날이었습니다. 그날도 베를 짜던 직녀는 향기로운 봄빛 향내에 취하여 베틀에서 일어섰습니다.

"참 좋은 날씨로구나. 나와 함께 나들이를 하지 않겠느냐?"

"예, 공주님."

직녀는 선녀들과 궁궐 밖으로 나왔습니다. 어디선가 봄빛 향기가 코를 찌르고 새들은 아름답게 **지저귀고** 있었습니다. 넓은 들판에 이르렀을 때, 소를 몰고 나온 한 청년과 마주쳤습니다. 몸집이 당당하고, 매우 잘생긴 젊은이였습니다. "저토록 멋진 남자는 처음 보았다. 도대체 어디 사는 누구일까?" 직녀는 이렇게 감탄하며 가던 길을 멈추고 젊은이를 바라보았습니다.

그 젊은이는 바로 견우였습니다. 견우란 이름은 소를 모는 사람이란 뜻입니다. 견우 또한 직녀의 아름다운 모습을 보고 가슴이 두근거렸습니다. 두 젊은이는 서로 한눈에 반해서 사랑하는 사이가 되었습니다. 그 뒤, 견우와 직녀는 남몰래 만나서 이야기 꽃을 피우며 시간 가는 줄을 몰랐습니다. 드디어 결혼까지 약속하게 되었습니다. 이 소문이 하늘나라 임금님의 귀에까지 들어가게 되자, 임금님은 펄쩍 뛰며 버럭 화를 냈습니다.

"뭐라고? 하늘나라 공주가 소몰이와 결혼을 해! 하필이면 천한 사내와 그런 약속을 하다니, 안 된다."

직녀는 무릎을 꿇고 앉아 눈물만 하염없이 흘리고 있었습니다.

"너는 이 나라의 귀한 공주란 것을 잊어서는 안 된다. 만일 끝내 내 말을 거역하려면 차라리 이 궁궐을 떠나거라. 꼴도 보기 싫다!" 하고 임금님은 한바탕 호통을 쳤습니다.

그 뒤, 임금님은 직녀를 불러 여러 번 타일렀지만, 소용이 없었습니다. 날이 갈수록 직녀의 가슴에는 견우의 생각으로 꽉 찼습니다. 베 짜는 일도 그만두고 하루 종일 방 안에만 틀어박혀 있었습니다. 그러자 하늘나라 궁궐 안은 먹구름이 낀 듯 우울한 나날이 계속되었습니다.

"여봐라. 당장 견우를 잡아 오너라. 직접 만나서 **담판**을 지으리라."

얼마 뒤에 신하들은 견우를 임금님 앞에 꿇어 앉혔습니다. "너처럼 천한 몸이 어떻게 공주를 사랑하느냐? 마음을 바꾸도록 하여라!" 임금님은 매우 노한 목소리로 다그쳤습니다. 그러나 견우는 뜨거운 눈물만 흘릴 뿐 입을 열지 않았습니다.

"에잇! 고얀지고······."

화가 난 임금님은 대뜸 이렇게 명령을 내렸습니다.

"여봐라, 견우와 직녀를 멀리 **귀양**을 보내어라. 견우는 동쪽으로 9만 리, 직녀는 서쪽으로 9만 리 떨어진 곳으로 각각 떠나게 하라!"

임금님은 두 사람이 영원히 만날 수 없게 할 속셈이었습니다.

이윽고 마지막 이별을 하는 날이 되었습니다. 견우는 눈물을 글썽거리며 직녀의 손을 잡고 맹세를 했습니다. "직녀! 우리가 다시 못 만나게 되어도 직녀에 대한 나의 사랑은 변함이 없을 것이오." "저도요." 직녀도 흐느껴 울며 대답했습니다.

견우는 소를 몰고 서쪽을 향해 9만 리 길을 떠났습니다. 직녀도 정든 하늘나라 궁궐을 떠나 외로운 발걸음을 떼어 놓았습니다. 점점 멀어져 가는 두 사람의 가슴은 찢어질 듯이 아팠습니다. 그리하여 두 사람은 은하수라는 깊고 깊은 강을 사이에 두고 떨어져 살게 되었습니다.

어느 날 견우는 강가에 나와 사랑하는 직녀의 이름을 목이 터져라 불렀습니다.

"직녀……." 견우의 애타는 목소리는 강 건너 직녀의 귀에까지 가늘게 들려왔습니다.

"아! 견우님이다." 직녀는 **미친 듯이** 강가로 달려갔습니다.

너무 멀어서 견우의 모습은 보이지 않았지만, 견우가 직녀를 부르는 소리는 계속 이어졌습니다.

"견우님……." 직녀도 목이 터져라 견우를 부르다 그만 울음을 터뜨렸습니다.

이날이 7월 7일, 그러니까 칠월 칠석날 밤이었습니다. 날이 새면 또 각기 동쪽과 서쪽으로 헤어져야 하는 슬픈 운명이었습니다.

해마다, 이때 흘린 견우와 직녀의 눈물은 엄청나게 많아 땅 나라에서는 홍수가 났습니다. 그러면 집과 곡식들이 떠내려가고 동물들도 먹이가 없어서 굶어 죽어 갔습니다.

하루는 온 동물들이 모여 회의를 열었습니다.

"해마다 홍수를 겪으니 괴로워서 못 살겠소. 무슨 대책을 세웁시다." "견우님과 직녀님을 만나도록 해 줍시다. 그러면 문제가 해결될 것이오." 이때, 까치가 날개를 퍼덕거리며 의견을 내놓았습니다. "이렇게 하면 어떨까요? 우리 까치와 까마귀가 날갯짓을 하며 줄지어 있는 동안, 견우님과 직녀님이 우리들 머리 위를 걸어가게 해서 만나게 합시다."

"훌륭한 생각이오!"

모든 동물들은 대찬성을 하였습니다.

이윽고 칠석날이 다가왔습니다. 땅 나라의 까치와 까마귀들이 은하수 강가로 날아들었습니다. 서로 날개를 맞대어 길고 튼튼한 다리를 만들었습니다. 일 년 동안 애타게 그리워하던 견우와 직녀는 까치와 까마귀가 만들어 놓은 다리를 건너 얼싸안았습니다. "직녀!" "견우님!" 두 사람의 눈에 기쁨의 눈물이 맺혀 반짝였습니다. 그동안 밀린 이야기를 나누며 시간 가는 줄을 몰랐습니다.

먼동이 떠오르기 시작했습니다. 두 사람은 곧 헤어져야 했습니다. "직녀. 일 년이 지나야 또 만나겠구려. 이대로 함께 살 수 있다면 얼마나 좋겠소." "견우님, 까치와 까마귀들의 도움으로 해마다 한 번씩 만나는 것도 다행한 일이어요." "그렇소." 견우와 직녀는 까치와 까마귀들에게 고맙다는 인사를 거듭하였습니다. "자, 부디 몸조심하시오." "그럼, 안녕히 가셔요." 견우와 직녀는 아쉬운 듯, 이별을 하였습니다. 서로 등을 돌리고 무거운 발걸음을 옮겼습니다. 두 사람은 자꾸 뒤를 돌아보며 눈물을 흘렸습니다.

아이의 생각을 키워 주는 하브루타 대화

- 마음씨가 비단결 같다는 것은 어떤 뜻인가요?
- 최근에 열심히 하는 일이 있다면 무엇인가요?
- 날씨가 좋은 날 하고 싶은 놀이가 있나요?
- 멋지다는 의미는 무엇일까요?
- 좋아하는 사람 앞에서 가슴이 두근거린 적이 있나요?
- 어떤 친구랑 이야기할 때 시간 가는 줄 모를까요?
- 임금님은 왜 결혼을 반대할까요?
- 담판을 짓겠다는 말은 무슨 뜻일까요?
- 귀양을 언제 보내는 걸까요?
- 사랑한다는 것은 어떤 의미일까요?
- 생각을 나누면 좋은 의견이 나오는 것은 왜 그럴까요?
- 까마귀와 까치처럼 누군가에게 큰 도움을 준 적이 있나요?
- 누군가와 헤어져서 슬펐던 적이 있나요?

 엄마와 같이 찾아보는 낱말!

비단결　　지저귀다　　담판　　귀양　　미친 듯이

질문하는 아이, 궁금해졌어요!

-
-
-
-
-

부부가 함께하는 하브루타 대화

- 만약에 견우가 좀 더 좋은 직업과 조건이었으면, 임금이 직녀와의 만남을 허락했을까요?
- 상대방에게 도움을 주기 위해서 나 자신을 희생한 적이 있나요?
- 지금 내 상황에서 혹은 내 인생에서 슬픔이 이별에 미치는 영향은 무엇인가요?
- 이런 상황에서 자녀의 결정을 존중할 수 있을까요?
- 어떤 일에 강제성이 개입하면 어떠한 마음이 드나요?
- 견우와 직녀가 임금을 설득할 방법은 없었을까요?
- 본인들의 사랑을 지켜내기 위해 어떤 노력을 했나요?
- 임금은 사랑하는 딸을 귀향 보내고도 잘 살 수 있었을까요?

전래동화 읽기

망주석 재판

온 나라를 떠돌며 비단 장수가 비단을 팔던 시절의 이야기입니다. 왕 서방이라는 한 비단 장수가 있었습니다. 왕 서방은 마을과 마을을 옮겨 다니며 비단을 팔았지요.

어느 날 여름, 왕 서방이 한 마을에서 장사를 마치고 다른 마을로 가던 길이었습니다. 한낮의 더위에 지친 왕 서방은 마을 **어귀** 숲 그늘에서 잠시 쉬었다 가기로 했습니다. 잠깐 쉰다는 게 깜빡 거나하게 낮잠을 자고 말았습니다. 그런데 잠에서 깨 보니 비단이 사라지고 없었습니다.

왕 서방은 깜짝 놀라 주위를 샅샅이 뒤졌지만, 비단은 보이지 않았습니다.

"아, 큰일이구나. 어디 가서 찾는담."

낙담한 왕 서방을 물끄러미 지켜보던 **행인**이 다가와 말했습니다.

"물건을 잃어버린 게요?"

"네, 그렇습니다."

"이 고을 원님을 찾아가 보시오. 아주 지혜롭고 어질기로 소문이 자자한 분이시니 어쩌면 방도가 있을지도 모르오."

왕 서방은 지푸라기라도 잡는 심정으로 고을 원님을 찾았습니다. 그러고는 원님에게 어떻게 비단을 잃어버렸는지 자세히 이야기했습니다.

"낮잠을 잤던 곳으로 다시 가 보자."

원님은 차근차근 일을 풀어 보려고 사건이 일어난 곳부터 찾기로 했답니다.

왕 서방이 낮잠을 청했던 곳 옆에는 무덤이 하나 있었고 무덤 앞에는 망주석이 한 줄 서 있었습니다.

원님은 대뜸 망주석 쪽으로 걸어가더니 망주석에 대고 말했습니다.

"너는 누가 비단을 훔쳐 갔는지 다 보았겠구나. 자, 누가 훔쳐 갔는지 이실직고하여라."

구경 온 사람들은 원님의 행동을 보고는 어리둥절하여 웅성웅성 떠들기 시작했습니다.

"안 되겠다. 매를 맞아야 네가 입을 열겠구나. 이놈을 관가로 데리고 가자."

원님은 포졸들에게 명했습니다. 포졸은 원님이 시키는 대로 망주석을 관아로 들고 갔습니다.

원님은 관아로 옮겨 온 망주석을 십자가 모양의 형틀에 엎어

놓게 한 뒤, 곤장을 치라고 포졸들에게 명했습니다. 그 모습을 가만히 지켜보던 마을 주민들이 그만 참지 못하고 깔깔대며 웃음보를 터뜨렸지요.

"누가 웃는 게냐? 여기 웃는 놈들 모두 묶어 옥에 쳐 넣어라."

엄숙하게 형을 집행하던 원님이 명하자 포졸들이 마을 주민들을 끈으로 한 명 한 명 묶기 시작했습니다. 그러자 웃음소리가 딱 멈추었습니다.

"아이고, 잘못했습니다."

마을 주민들은 원님에게 잘못했다고 싹싹 빌었습니다. 그러자 원님이 여전히 엄숙한 목소리로 말했습니다.

"옥에 갇히고 싶지 않은 자는 대신 벌금으로 오늘 저녁까지 비단 한 필씩을 내야 할 것이야."

마을 주민들은 옥에 갇히지 않으려고 갖은 방법을 동원해 비단을 구해 와 벌금을 냈습니다. 덕분에 마을에 비단이란 비단은 모두 관아에 모이게 되었습니다.

그러자 원님은 비단을 쌓아 둔 곳으로 왕 서방을 불렀습니다.

"이 중에서 네 비단을 찾아보거라."

한참 비단 더미를 뒤적이던 왕 서방이 기쁜 얼굴로 외쳤습니다.

"찾았습니다."

원님은 그 비단을 누가 냈는지 관아의 관리들에게 알아보게 하였습니다. 관리들은 그것이 마을의 연가라는 사람이 낸 것을 밝혀내고 연가라는 사람을 잡아들여 옥에 가두었습니다.

원님은 벌금으로 받은 비단을 마을 사람들에게 모두 돌려주었습니다. 그제야 원님의 깊은 뜻을 깨달은 마을 사람들은 침이 마르도록 원님을 칭찬했습니다.

"이렇게 지혜로운 분이 우리 마을 원님이라니, 우리 마을은 참으로 복 받았지. 암, 그렇고말고."

아이의 생각을 키워 주는 하브루타 대화

- 비단은 어떤 느낌인가요?
- 물건을 잃어버린 적이 있나요?
- 어려움에 처한 사람을 보면 어떤 생각이 드나요?
- 누군가에게 도움을 청한 적이 있나요? 있다면 어떤 일이었나요?
- 원님은 왜 망부석을 형틀에 묶어 곤장을 치라고 했을까요?
- 바보 같은 행동을 하는 친구를 보고 비웃거나 놀린 적은 없나요?
- 웃었다는 이유로 사람들을 감옥에 가둔 원님의 행동에 대해 어떻게 생각하나요?
- 비단을 갖다 놓은 사람들은 불만이 없었을까요?
- 범인을 찾아낸 원님의 방법에 대해 어떻게 생각하나요?
- 재판을 한다는 것은 무엇인가요?

 엄마와 같이 찾아보는 낱말!

어귀   행인   고을

질문하는 아이, 궁금해졌어요!

-
-
-
-
-

 부부가 함께하는 하브루타 대화

- 어렸을 적 가장 좋아했던 가게는 어떤 가게였나요?
- 소중하게 생각했던 물건이 감쪽같이 사라진 적은 없었나요?
- 지푸라기라도 잡는 심정으로 누군가의 도움을 원한 적이 있나요?
- 어려움에 처해 있을 때 도움의 손길을 받은 적이 있나요?
- 죄지은 사람을 재판하는 재판관은 어떤 사람이어야 하나요?
- 지도자의 판단이 문제가 있다면 어떻게 할까요?
- 오해를 받고 있다가 주변의 도움으로 풀린 적이 있나요?
- 오해를 풀어 준 적이 있나요?
- 공정한 결정을 내렸을 때 오해를 산 적이 있나요?

. 전래동화 읽기 .
훈장님과 꿀단지

어느 마을에 꿀을 좋아하는 훈장님이 있었습니다. 훈장님은 서당들에게 책을 소리 내어 읽으라고 시킨 뒤, 슬쩍 자리를 피해 다락으로 올라가곤 했습니다.

그날도 아이들에게 책을 소리 내어 읽게 한 뒤 훈장님은 다락으로 올라갔습니다. 아이 하나가 몰래 훈장님이 뭘 하는지 엿보았답니다.

그랬더니 훈장님이 무슨 단지에 손가락을 집어넣어 뭔가를 계속 쪽쪽 찍어 먹는 것이었습니다. 바로 꿀이었습니다. 아이는 살금살금 다락에서 내려와 다른 아이들에게 훈장님이 혼자 꿀을 숨겨 놓고 먹는다고 말했습니다.

훈장님이 다락에서 내려왔습니다.

"훈장님 그 맛있는 꿀을 혼자만 드십니까?"

다른 아이들보다 덩치가 커서 아이들의 우두머리 역할을 하는 아이가 물었습니다.

"꿀은 무슨!"

훈장님은 그것은 꿀이 아니라 아이들이 먹으면 큰일 나는 것이라고 했습니다. 어른들이 아파서 먹는 약이라고 말했지요.

하루는 훈장님이 바깥에 일을 보러 서당을 비웠습니다. 그래도 아이들은 모여서 각자 스스로 책을 읽고 공부를 하라고 하셨지요.

아이들은 이때다 싶어 다락에서 꿀단지를 꺼내 와 돌아가며 꿀을 찍어 먹었습니다.

"정말 달구나!"

아이들은 달디단 꿀맛에 **탄성**을 쏟아냈습니다. 조금만 맛보려고 했는데 아이들은 그만 바닥까지 싹싹 긁어 단지의 꿀을 다 먹어 버리고 말았습니다.

"이제 어쩌지?"

한 아이가 난감한 얼굴로 다른 아이들에게 물었습니다. 다른 아이들도 곧 돌아오실 훈장님께 혼날 생각에 표정이 좋지 않았습니다.

그런데 한 아이만은 생글생글 웃고 있는 것이었습니다.

"걱정 마. 내게 좋은 꾀가 있으니."

말이 끝나자 아이는 훈장님 탁자에 놓인 귀한 **벼루**를 집어 머리 위로 번쩍 들더니 방바닥에 있는 힘껏 내동댕이쳤습니다.

쨍그랑.

벼루는 산산조각이 났습니다. 다른 아이들은 깨진 벼루를 보고 **어안이 벙벙했습니다**.

"도대체 무슨 짓이야?"

아이들은 겁에 질려 있었지만, 벼루를 깬 아이는 생글생글 웃으며 여유가 넘쳤습니다.

바깥에서 일을 다 본 훈장님이 돌아오셨습니다.

"이게 대체 무슨 일이냐? 벼루가 왜 이렇게 깨졌느냐?"

"훈장님 죽을 죄를 졌사옵니다. 제가 그만 벼루가 너무 예뻐 구경을 하다 떨어뜨려 깨고 말았습니다."

생글생글 웃던 아이는 어느새 표정을 싹 바꾸어 울상을 짓고 있었습니다.

"그건 그렇고 단지는 왜 이렇게 비어 있느냐?"

훈장님은 화가 나기도 했고 영문을 몰라 궁금하기도 했습니다.

"벼루를 깼으니 벌을 받으려고 단지에 든 약을 먹었습니다. 그런데 먹고 또 먹어도 달기만 할 뿐 아프지 않아 계속 먹었더니 단지 바닥까지 싹싹 긁어 먹고 말았습니다."

"아, 그랬느냐."

훈장님은 벌린 입을 다물지 못했습니다. 지금에 와서 단지에 든 것이 꿀이라고 말할 수도 없었기 때문입니다.

아이의 생각을 키워 주는 하브루타 대화

- 선생님과 훈장님 중 누구의 말이 더 중요한가요?
- 몰래 엿보는 행동에 대해 어떻게 생각하나요?
- 아이들 몰래 꿀을 먹는 훈장님을 보고 어떤 생각이 드나요?
- 꿀이 어떻게 만들어지는지 아나요?
- 훈장님은 왜 거짓말을 했을까요?
- 탄성을 지를 만큼 맛있었던 음식이 있나요?
- 남의 물건에 손을 대는 행동에 대해 어떻게 생각하나요?
- 벼루가 무엇일까요?
- 어른의 잘못된 행동에 대해 깨우침을 준 적이 있나요?
- 나의 잘못된 행동을 용서받은 적이 있나요?

 엄마와 같이 찾아보는 낱말!

탄성   벼루   어안이 벙벙하다

질문하는 아이, 궁금해졌어요!

-
-
-
-
-

 ### 부부가 함께하는 하브루타 대화

- 어렸을 적 가장 좋아했던 간식은 무엇인가요?
- 꿀과 관련된 추억이 있나요?
- 어린 시절 정말 좋아했는데 먹지 못했던 추억의 음식이 있나요?
- 부모님이 해주신 간식 중에 가장 맛있고 좋아했던 음식은 무엇인가요?
- 하굣길에 친구들과 같이 자주 사 먹었던 군것질거리가 있나요?
- 혹시나 돈을 지불하지 않고 서리를 하거나 비슷한 행동을 한 적이 있나요?
- 선생님이 사 주신 음식이나 간식이 좋은 추억으로 남아 있나요?
- 꿀 먹은 아이들처럼 내 자녀가 행동했다면 어떻게 할 것인가요?
- 다시 동심으로 돌아가면 가장 해보고 싶은 놀이는 무엇인가요?
- 꿀하고 가장 잘 어울리는 음식이 있을까요?

전래동화 읽기

호랑이 곶감

깊은 산골에 아직 호랑이가 살고 있었을 때의 일입니다. 호랑이에게도 겨울에는 먹이를 구하는 일이 **여의치 않았습니다**. 그래서 더 오래 산속을 어슬렁거리며 먹이를 찾아다녔습니다. 그러다 사람들이 사는 마을까지 내려오는 일도 있었지요.

어느 날 호랑이가 먹을 것을 찾다가 마을까지 내려왔습니다. 호랑이는 아기 울음소리에 어느 집 앞에서 걸음을 멈추었습니다.

"쉿! 아가, 밖에 귀신 왔다. 아이고, 무서워."

그래도 울음소리는 잦아들지 않았습니다.

"호랑이 왔다. 아이고, 무서워. 쉿!"

가만 듣고 있던 호랑이 눈이 휘둥그레졌습니다.

"아니, 내가 보이나?"

호랑이는 살금살금 문가에서 비켜섰습니다.

아기의 울음소리는 더 커졌습니다.

"자, 곶감 먹자. 착하지?"

그러자 거짓말처럼 아기 울음소리가 잦아들었습니다. 문 옆에서 얘기를 엿듣고 있던 호랑이는 **아리송한** 표정을 하고 있었습니다.

"곶감이란 놈이 누구일까? 얼마나 무서운 놈이기에 아기가 울음을 다 그쳤담. 안 되겠다. 이러다 곶감이란 놈에게 들키겠어. 어디 안 보이는 데 숨었다가 내빼야겠다."

호랑이는 외양간에 숨어들었습니다. 몰래 숨어 있다가 곶감이 가면 도망치려고 기회를 엿보고 있는데 마침 소도둑도 살금살금 외양간으로 숨어들어 왔지 뭐예요.

소도둑은 너무 어두워서 앞을 분간할 수 없었답니다. 소도둑은 호랑이를 더듬더듬 만지면서 그것이 엄청나게 큰 송아지인 줄 알았습니다. 그래서 소도둑은 호랑이 등에 올라탔습니다. 호랑이는 자기 등에 올라탄 소도둑을 곶감으로 생각했습니다.

'곶감이다. 이놈이 날 잡아먹으려고 내 등에 탔구나.'

호랑이는 소도둑을 떨어뜨리려고 냅다 달렸습니다.

한편, 소도둑은 호랑이가 달리기 시작하자 자기가 탄 게 송아지가 아니라 호랑이인 걸 알고 소스라치게 놀랐습니다.

'아이고, 큰일이네. 호랑이 등에 올라탔으니 영락없이 호랑이에게 잡아먹히겠구나.'

'아냐, 이럴수록 정신을 차려야지!'

소도둑은 몸을 바짝 엎드려 호랑이 몸에 매달렸습니다. 반면, 호랑이는 더 빨리 내달렸습니다. 곶감으로 착각한 소도둑을 떼어내기 위해서 말이지요.

날뛰는 호랑이 등 위에서 소도둑은 오로지 어떻게 호랑이에게

서 벗어날까만을 궁리했습니다. 그러다 호랑이와 소도둑은 어느 나무 밑을 지나가게 되었습니다.

이때다 싶어 소도둑은 재빨리 나무를 향해 튀어 올랐답니다. 호랑이는 곶감이 떨어져 나갔다고 생각해 안도의 숨을 쉬고 더 멀리 달아났습니다. 소도둑도 나무 위에서 그 모습을 보면서 안도의 한숨을 쉬었습니다.

'곶감이란 놈이 어떻게 생겼는지는 모르겠지만 정말 무서운 놈이구나. 나를 타고 잡아먹으려 하다니. 이렇게라도 떨어뜨렸으니 얼마나 다행인가.'

'뒤도 안 보고 달리는구나. 이만큼 떨어졌으면 안심해도 되겠다. 자칫하면 호랑이 밥이 될 뻔했구나.'

그 일이 있고 사람들은 마을에서 단 한 번도 호랑이도, 소도둑도 본 적이 없었답니다.

아이의 생각을 키워 주는 하브루타 대화

- 호랑이는 본래 무엇을 먹고 살까요?
- 엄마가 들려준 옛 이야기가 있나요?
- 아기는 곶감 소리에 왜 울음을 멈추었을까요?
- 곶감 소리에 숨은 호랑이의 행동에 대해 어떤 생각이 드나요?
- 남의 것을 탐내는 소도둑에 대해 어떻게 생각하나요?
- 세상에서 가장 무서운 게 있다면 무엇인가요?
- 누군가를 오해한 적이 있나요? 있다면 어떤 일이었나요?
- 소도둑과 호랑이의 행동에 대해 어떻게 생각하나요?
- 걱정하는 일이 해결되어 속이 시원했던 적이 있나요?
- 한번 경험한 뒤로 다시는 하고 싶지 않은 행동이 있나요?

 엄마와 같이 찾아보는 낱말!

여의치 않다   아리송한

질문하는 아이, 궁금해졌어요!

-
-
-
-

 부부가 함께하는 하브루타 대화

- 어린 시절에 부모님이 들려주었던 이야기가 있다면 어떤 것인가요?
- 자녀에게 들려주는 동화가 있나요?
- 곶감과 관련된 이야기는 또 무엇이 있을까요?
- 호랑이 등에 탄다면 어떤 기분일까요?
- 동물 등에 타본 경험이 있나요?
- 가장 좋아하는 동물은 무엇인가요?
- '호랑이 굴에 들어가도 정신만 차리면 산다'라는 속담처럼 비슷한 경험을 한 일이 있나요?
- 어려운 상황을 지혜롭게 이겨낸 일이 있나요?
- 오해하고 있던 일을 나중에 풀게 된 일이 있나요?

| 마치는글 |

작은 새의 수천만 번의 날갯짓이 지구 한 바퀴를 돌 수 있듯이 작은 행동을 꾸준히 하다 보면 인생이 바뀔 수 있다.

매일 10분이라도 전래동화로 생각 나누기를 한다면 진정한 배움이 일어난다고 생각한다. 하루하루 배움이 쌓이는 순간들이 아이와 가족 전체의 삶을 바꿀 수 있다. 아무리 좋은 것도 생각만 하는 것에서 멈추고 만다면 아무 일도 일어나지 않는다. 부대에 담아야 내 것이 되는 것이며, 실천해야 진정한 배움으로 이어진다.

세상에서 가장 힘든 일이 지속적인 실천이다. 많은 사람이 성공적인 삶을 살기가 힘든 이유 중 하나는 지속성이 빠져 있기 때문이다. 실천한 사람만이 좋은 결과를 가질 수 있다는 것은 어쩌면 공평한 일인지도 모른다. 하브루타의 생명은 지속성이다. 아이의 성장기 때 함께한 시간들이 얼마나 양질의 것으로, 얼마만큼 지속적으로 실천했느냐가 아이의 삶을 결정한다고 본다.

부모가 자녀를 잘 키우고 싶은 것은 당연한 일이다. 잘 키우고 싶은 마음이 많이 가르치는 것이라고 생각한다면 어려움이 따를 수 있다. 이런 강박에서 벗어나 친절한 안내자, 친절한 길잡이가 되어야 한다. 생각은 아이 스스로 할 수 있도록 환경과 기회를 제공해 주고, 삶에 동기도 스스로 찾아가도록 돕는 것이 부모의 역할일 때, 아이가 삶을 건강하게 주도적으로 살아갈 수 있다.

'배움이란 질문을 통한 생각 나누기다.'

하루 10분이라도 진정한 배움이 있는 가정학교를 만드는 것이, 첫 번째 학교의 스승인 부모가 해야 할 일이다. 부모가 경험한 것을 나누는 것이 배움의 순간이고, 동화 한 편으로 생각 나누기를 이루는 것이 세상을 배우는 순간이라는 것을 모든 부모가 기억하기를 바란다.

하루 한 편, 식탁 위 하브루타 대화법
탈무드보다 강력한 전래동화 토론의 기적

초판 1쇄 발행 2021년 05월 20일

지은이 김금선
펴낸이 김기용 김상현

편집 전수현　　**디자인** 이현진
마케팅 조광환 김정아 남소현
동화일러스트 이수정

펴낸곳 필름(Feelm) 출판사
등록번호 제2019-000086호　　**등록일자** 2016년 6월 13일
주소 서울시 마포구 월드컵북로5가길 31, 2층 (서교동 447-9)
전화 070-8810-6304　　**팩스** 070-7614-8226
이메일 office@feelmgroup.com

필름출판사 '우리의 이야기는 영화다'

우리는 작가의 문체와 색을 온전하게 담아낼 수 있는 방법을 고민하며 책을 펴내고 있습니다.
스쳐가는 일상을 기록하는 당신의 시선 그리고 시선 속 삶의 풍경을 책에 상영하고 싶습니다.

홈페이지 feelmgroup.com　　**인스타그램** instagram.com/feelmbook

ⓒ 김금선, 2021

ISBN 979-11-88469-74-1 (13590)

- 이 책 내용의 일부 또는 전부를 재사용하려면 반드시 필름출판사의 동의를 얻어야 합니다.
- 책값은 뒤표지에 있습니다. 잘못 만들어진 책은 구입처에서 교환해 드립니다.